U0641546

稻盛

经营哲学50条

[日] 皆木和义 著

吴常春 译

人民东方出版传媒
People's Oriental Publishing & Media

东方出版社
The Oriental Press

前　言

怎样才能像尊敬的京瓷名誉会长稻盛和夫先生那样经营企业？怎样才能成为稻盛和夫那样的企业家？这是我早年在盛和塾学习时从各种角度思考的问题。

那时，我们紧紧追随稻盛先生，对于他有关经营的思维方式、经营与人生，乃至他的说话方式、一个眼神、一个动作，我们都会热衷地学习和模仿。那种单纯的热情，今天想来真是不可思议。那时，学员们只有一个想法，那就是要成为稻盛和夫那样的企业家。

每当有塾长例会，无论距离多远，我们都会乘坐新干线赶去参加。那真是一个疯狂的学习年代。正如稻盛先生所言，我们怀着"渗透到潜意识的强烈愿望"，紧紧追随着稻盛先生。

也许在外人看来，那段时期我们就像只会简单模仿的艺人，但我们毫不在乎。我们追随稻盛先生的脚步，走遍日本东南西北。

在我担任盛和塾东京地区负责人时，我们在全国率先举办了盛和塾·稻盛和夫入门讲座，号召大家做稻盛塾长的"追随者"。今天，在日本大约有1000名稻盛先生的"追随者"。

我对稻盛先生产生兴趣并开始研究，可以追溯到稻盛先生创办第二电电（今KDDI）的20世纪80年代，光阴荏苒，已是30多年前。在此期间，我接触过许多其他的优秀经营者，获益匪浅。同时，历史和中国古典著作也使我获益良多。

最终，我成长为一名职业经理人，担任东京证券交易所第一部上市公司社长，同时也在其他企业担任过高管。

本书就是我根据自己的经历，总结出的50条学习心得，期望能对20～40岁的年轻经营者们有所启示。如果本书能对各位读者的人生与职业有所帮助，我将深感荣幸。

目　录

第一章　提高心性

1

第二章　强烈的愿望终能实现

第三章　创造 130% 的成果

第五章　抓住人心的领导力

第一章　提高心性

心得 1　遵循根本原理

- 以小时候被灌输的"善""恶"为标准，根据自己的良心做出判断。
- 在公司组织中，也尊重道义与道德，客观评估员工和部门的实力。

将作为人，应该做的正确的事情以正确的方式贯彻下去

稻盛先生 27 岁时就成为一名年轻的经营者了。在那之前，他埋头于陶瓷的研究，当然也不具备企业经营的知识。

可是，一旦成为一名经营者，各种问题便纷至沓来，你不得不一一做出判断。这时，判断的标准就是原理原则。

稻盛先生所说的原理原则，就是作为一个人的正确姿态，用词汇来表达就是公平、公正、正直、诚实、感恩、努力、勇气、谦虚、诚意等。稻盛先生还经常称此为"一个人的最本真的姿态"。

以道德伦理为标准，行人间正道——这堪称通用于任何时代、任何环境的判断标准。即便遭遇从未经历过的难关，只要坚持以原理原则为基准，你就能沉着冷静地做出判断。能够打开新局面、开拓新领域，这也是得益于你能始终秉持这种原理原则。

反之，如果你以世间的常识、惯例、经验、智慧为判断标准，当遭遇新问题时，你就会不知所措。甚至被形势所迫，失去冷静，做出错误的判断。

所谓原理原则，就是小时候父母与学校老师灌输给我们的善恶标准。这些非常简朴的教诲，不断地灌输到我们的脑海，成为与我们终身相伴的东西。

我们以此为判断标准，就能看清事物的本质，秉持良心，

将作为人，应该做的正确的事情以正确的方式贯彻下去，进而做出正确的判断。即便没有相关的经验和知识，我们也不会因为误断而犯下大错。

当你要做出判断时，请不要被周围的言论所迷惑，而是要思考："这件事的本质是什么？""作为人，何谓正确？"回到这样的原理原则上来，做出判断。稻盛先生的这个教诲，我至今铭刻在心。

稻盛式经营的原理原则

在经营方面，稻盛先生非常重视"量入为出"。换句话说，就是"销售最大化，费用最小化"。

但这并非"只要赚钱就行"的利己的资本主义原理原则，而是以道义、道德为准绳的稻盛式资本主义的原理原则。资本主义也是形态万千。与美国式股东资本主义的唯利是图不同，稻盛式的企业经营目标是让公司的所有人认同，"有这家公司存在太好了"。

此外，偏袒也有悖于稻盛先生的原理原则。对于员工（公司同事、部下、上司），稻盛先生经常思考怎样才能对他们做到公平、客观的评价，贯彻实力主义。

实际上，在当今企业里，把自己的同乡或会献媚的人提拔到管理层，这种有悖原理原则的事例真是比比皆是。

　　在任何情况下始终贯彻原理原则，首先要做到律己，这样做，有时会遭遇困难，经历痛苦，也会消耗大量的精力与体力，但要想像稻盛先生那样一以贯之地走人间正道，秉持原理原则，就必须坚持正确的判断，不可动摇。能做到这些，你也能成为稻盛和夫。

心得 2　做一个拥有美好心灵的人

- 人要抑制欲望，发扬与生俱来的关爱、真诚与和谐。
- 摒弃私心，关爱社会和他人。

关爱、真诚与和谐

"心"，是稻盛先生最为看重的一个字。对于稻盛先生来说，心就是人生的主题。

"提高心性""提升人格"是稻盛先生经常提到的关键词。在他早期的出版著作中，就有一本书叫《提高心性 拓展经营》，阐述的就是提高心性与拓展经营的关系。

人生与事业，要想两全其美，心性是非常重要的。喜他人之所喜是为关爱，想他人之所想是为真诚，为他人之所为是为和谐。引导人们走向成功的正是关爱、真诚与和谐之心。

人不仅因肉眼所见的身体而存在，还有心灵。人在心中会有各种愿望和思考。那么这些愿望和思考来自何处呢？究其出处，我们可以追溯到"灵魂"。

灵魂就是人的本质，那里除了关爱、真诚、和谐之外，别无他物。本来，我们的灵魂中充满了关爱、真诚与和谐之心，但是由于灵魂同时又兼具肉体，为了保持肉体的健康，就要饮食摄入营养。营养不够时，就会产生欲望，必要时甚至不惜巧取豪夺。

我们要抑制这种欲望，努力让充满关爱、真诚、和谐之心的灵魂发扬光大。

人生因心灵的不同而改变

稻盛先生出家时，师父临济宗的西片担雪老师曾向他讲过"用三尺三寸的筷子吃饭"的故事。这是一个广为人知的佛教寓言，教谕人们关爱之心、利他之心是何等重要。

这个寓言中讲道，天堂和地狱这两个世界非常相似，所不同的就是生活在这两个世界的人们的心灵。

天堂和地狱里都有一口巨大的锅，锅里盛满了美味的乌冬面。人们要想吃到乌冬面，必须使用三尺三寸也就是长约一米的筷子。

地狱里的人们争先恐后，唯恐自己吃不到乌冬面，抢到长筷子就去夹乌冬面，但是筷子太长，怎么也送不到自己嘴里。于是，大家对那些夹在筷子上的乌冬面你争我夺，进而拳打脚踢，互不相让。最终谁也吃不到乌冬面，一个个堕入饿鬼道。

而在天堂里，人们用三尺三寸的长筷子夹东西不是送到自己嘴里，而是说着："您先请！"然后把美食喂给对面的人。接着，对面的人表示感谢，再夹东西送给喂自己的人。这里没有喧哗打闹，只有人们享用美食，一派和谐景象。

同样的环境，是否有关爱之心、利他之心，结局竟然如此大不相同！实际上，这个故事告诉人们的是，天堂与地狱全在你的一念之间。

心具有不确定性，是可变的。但同时，世间也没有比心的连接更牢固的东西了。

　　希望大家不要像地狱里的人那样只顾一己私利，而是不断提高自己的心性，为周围的人、为社会做出自己的贡献。这是成为稻盛和夫的第一步。

心得 3　要有感恩之心

- 对世间万事，常怀感恩之心。
- 从稻盛先生学过的那些伟人教诲中学会感恩。

感恩生命

无论工作还是生活，我们之所以能有今天，离不开家人和朋友的支持。漫漫人生路，我们一刻也不能忘记感恩之心。

感谢他人，首先自己要有谦虚之心，要意识到自己能得以生存，都是拜周围人的关怀所赐。

稻盛先生总是对周围人心怀感激，他认为自己能将公司经营到现在，都是"员工支持的结果"，也是"客户惠顾，给予订单的结果"。每次演讲，稻盛先生都会双手合十，向全场的来宾致谢，而且年事愈高，谦恭之情愈甚，那一幕幕印在我的脑海，难以忘怀。

心怀感恩能美化我们的心灵，心怀感恩能为我们唤来幸福，拥有美好的人生。反之，对他人没有感恩之心，总是心怀怨念，牢骚满腹，那么不幸将不期而至。这与稻盛先生倡导的感恩精神背道而驰。

向众多的伟人学习感恩

稻盛先生从许多伟人那里也获得教益。许多伟人都怀有强烈的感恩之心。在这里我就介绍其中两位。

一位是终生为人类奉献"无偿的爱"的修女特蕾莎嬷嬷。她有一句名言："比起食物的饥渴而言，这个世界对爱和感恩的饥渴更大。"只要有爱和感恩之心,这个世界就不会存在饥饿,从这句话中我们深切体会到特蕾莎嬷嬷对于人类的拳拳爱意和感恩之心。

另一位就是松下电器的创办人松下幸之助。松下幸之助也是一位充满感恩之心的人。

"感恩之心能提高事物的价值。我们得到一个礼物,如果你认为,这是什么玩意儿呀,真无聊,那这个礼物就几乎毫无价值。但是如果你怀着感恩之心来接受这份礼物,你就会发现极高的价值,在生活和工作中活用它。所以,我认为,感恩之心有一种魔力,能变铁成金。

"感恩之心,对于每个人都非常重要。有人说,感恩之心是人们所有幸福快乐的源泉。因此,不懂得感恩,非但不会带来幸福,反而还会招致不幸。

"感恩之心越强烈,幸福感也就越强烈。换句话来说,我们可以把感恩之心称作幸福的阀门。一旦失去这个阀门,幸福就会烟消云散。由此可见,感恩之心对于我们每个人竟是如此重要!"

通过这几段话,我相信你一定理解感恩之心具有何等伟大的力量了吧。

怀着强烈的感恩之心度过每一天。这样,你就能成为稻盛和夫。

心得 4 谦虚戒骄

- 不把自信变成傲慢，只有谦虚谨慎才能进一步成长。
- 不忘初心，心怀感恩，不骄傲。

做一个能聚集人才的人

我们的生活日益便捷，食品也丰富充盈，日本已成为一个先进的发达国家。但是与此成反比的却是自私自利、以自我为中心的人越来越多。按说"仓廪实而知礼节，衣食足而知荣辱"，生活富足了，人们更应该会提高心性，然而现在人们却变得心灵贫瘠。

人无谦虚之心，身边就不可能聚集人才。一名经营者如果没有谦虚之心，则没有一个员工会真心相随。换言之，傲慢的经营不可能让公司持续发展。

遗憾的是，越是掌握权力者，其傲慢得越是不可一世，这类经营者何其多哉！实际上，越是成功，就越不能桀骜不驯。因为趾高气扬、目空一切的经营者绝不会有光明的未来。

无论身在何时、身处何地，作为一名经营者都不可自以为是、颐指气使，而要秉持日本自古以来的"知足"精神，时刻保持谦虚谨慎。同时，在与周围的同事、上司、部下的交往中，向他们虚心请教，这一点也很重要。切记正是因为他们的存在，才有自己的今天。

谦虚谨慎会带来教益与成长。这一点，我是从稻盛先生的身上深刻领会到的。

通过学习，打造坚实的自己

稻盛先生是工科出身，原本不是职业经理人。他年仅 27 岁就创办公司，全因青山政次、西枝一江、交川有等诸位前辈的鼎力支持才得以实现。

也许正是这个原因，稻盛先生始终谦虚低调，也不让自己的后代接班继位。实际上，稻盛先生是通过这一姿态，向给自己技术投资的诸位前辈表达感谢。

一般人在取得成功后，过一段时间，就会觉得"那时是那时，现在是现在"，仿佛全凭自己的一己之力造就了公司的辉煌，保障了全体员工的生计，还会想方设法让自己子嗣接班继位。但是稻盛先生不是这样，他始终认为"公司的存在全靠大家的努力"。这正是稻盛先生的不凡和伟大之处。

不过，即便是如此伟大的稻盛先生，当公司的股票挂牌上市时，他也禁不住有点飘飘然。幸而此时得到父亲的训示，稻盛先生这才冷静下来，反省自己。据说稻盛先生父亲的训诫是这样的：

"任何事情都不可能是笔直朝前走的。你看那螃蟹不就是横着走吗？不要公司上市了就飘飘然，要戒骄戒躁，脚踏实地，一步一步地朝前走！"

我想请你停下脚步，仔细想一想：

你是不是觉得公司能有今天都是一个人的功劳？

你是不是已经忘记从前曾经帮助过你的人？

你是不是做到了不忘初心，常怀感恩之心？

如果你能始终保持谦虚、不骄不躁，那么你也能成为稻盛和夫。

心得 5 践行"人生的方程式"

- 即便没有才能，只要拼命努力也能赢。

- 有了正确的思维方式，人生就会变得越来越好。

思维方式不输给拥有优秀人才的大企业

创业之初的京瓷是一家极小的公司，远远不及东芝、日立制作所等前辈企业。因此，在招录人才时，学历高、能力强的优秀人才都流向了大企业。

"我们不可能战胜拥有大批优秀人才的大企业。"员工们顾虑重重，心情沮丧。为了打消员工们的顾虑，鼓舞大家的士气，稻盛先生说："我们在能力上也许不及他们，但是在干劲儿上决不会输给他们！"

经营者的一项职责就是提高员工的士气，稻盛先生正是基于这一信念采取的行动。而这一行动却孕育了只有稻盛先生才能提出的"成功方程式"。

稻盛先生出生于鹿儿岛，就学于鹿儿岛县内的大学，在去京都就职之前，他经常在想："我没有什么特别优秀的才能，怎样才能在与优秀人才的竞争中取胜呢？"

就在这样认真的思考过程中，他发现孩提时代并不那么出众的人长大后却比那些小时候优秀的人工作更加出色，于是他意识到"努力"这一要素很重要。

也就是说，一个人无论能力如何出众，如果只是躺在能力上睡大觉，那么能力也得不到发挥，终究一事无成。

接下来，稻盛先生还发现一个人的成功还与"思维方式"有关。没有一个正确的思维方式，他的能力、努力反而促使他在错误的道路上越走越远，甚至作恶犯罪。

稻盛先生经常说："思维方式的最大值为 +100，最小值为 –100。我们要让自己的思维方式有益于社会，有益于他人，这一点非常重要。只要能够做到这一点，即便竞争对手强如日立、东芝，我们也能战而胜之。"在挑选继任者时，稻盛先生的选择标准不仅看重能力，而且更看重他是否具有正确的思维方式。稻盛先生言行一致，每一句话都令人感佩不已。

心怀善念，时刻意识到"思维方式 × 热情 × 能力"

"思维方式""热情""能力"三要素相乘，这就是人生与事业成功的方程式。其中，"能力"和"热情"是 0 到 100 分，"思维方式"则是 –100 分到 +100 分。假设某人极具才能，获得 90 分，但他缺乏工作的热情，只有 20 分，那么他的"热情 × 能力"的得分是 1800 分。而如果某人的能力得分只有平均分 50 分，工作热情却有 90 分，那他"热情 × 能力"的得分则高达 4500 分。也就是说，即便一个人缺乏与生俱来的能力，但勤能补拙，他仍能凭借工作的热情创造佳绩。

一个人既有卓越的能力，又有饱满的热情，接下来其人生的正负值就取决于"思维方式"了。换言之，"思维方式"决定其人生的成功与失败。

那么，哪些要素能为思维方式带来加分呢？罗列起来，大致如下：

积极向上；有建设性；有协调性；性格开朗、对事物持肯定态度；充满善意；有同情心、关爱心；认真；正直；谦虚；勤奋；不自私、不贪欲；知足；有感恩心等。

将这些正确的思维方式反复咀嚼，融入到自己的血液之中，我们就能与稻盛先生保持同样的思考。那么，基于这样的人生方程式来行动，你就一定能成为稻盛和夫。

心得6　每天检查自己的灵魂是否得到"净化"、"纯化"和"深化"

- 每日临睡前，对着镜中的自己，反省自己的灵魂。
- 提高心性，纯化心灵，保持一颗如初生婴儿那样纯粹的心灵。

不断净化自己的灵魂

人生与事业成功的条件，全在于你是否有"工作为他人、工作为社会"的利他之心、善良之心。

那么怎样才能让自己的灵魂、心灵始终纯粹如新呢？

稻盛先生借鉴过阿育吠陀的思维方式，他指出，首先要"净化"自己的灵魂和心灵，也就是为灵魂和心灵洗涤。哪怕做不到百分之百的净化，也要为百分之百的净化而努力。

其次是"纯化"——拥有一颗纯洁的心。

心无邪念，灵魂和心灵就能向着美好转化。每个人都要自我检查，反省自己是否真的在纯化自己。

再次是"深化"。检查自己是否真的在灵魂与心灵的深处净化自己。检查的方法就是每晚临睡前，对着镜中的自己，扪心自问："比起昨天的自己，我进步了吗？""我所做的工作是否有益于社会、有益于他人？""我是否关心过他人？"

稻盛先生每天早晨起床后都会打禅静坐。这可以说是稻盛先生灵魂得以"净化""纯化""深化"的方法吧。

惠普（HP）的CEO兼董事长卡莉·菲奥莉娜自述每天早晨都会静思冥想。而通过冥想来净化自己心灵的世界著名经营者大有人在。

这对于有志于向稻盛先生学习的你来说，是否也值得借鉴呢？

死的时候，灵魂更纯洁

稻盛先生经常会讲到这样一句话：

"为了在死的时候，灵魂比生的时候更纯洁一点，或者说带着更美好、更崇高的灵魂去迎接死亡。"

人生大致可以分为三个阶段。0 到 20 岁，从出生到进入学校再到步入社会，这可视为第一阶段。第二阶段是从 20 岁前后到迎来退休的 60 岁左右。第三阶段则是 60 岁至迎来寿终正寝的 80 岁前后。

稻盛先生认为，在人生的不同阶段，都能使自己的灵魂和心灵得以净化、纯化、深化，令其三位一体，这在人生与事业中都是至关重要的。

商业世界是个竞争激烈的社会，为了赢得竞争，人们会计策百出。但任何一条计策都不能是利己之策。必须保持一颗纯粹的心，怀着"我为他人"的利他之心来参与竞争。而且每晚临睡前还要反省自己："我今天做得好吗？"

稻盛先生自己也表示，最初他也很难做到始终保持一颗纯粹的心。我想正是为了能够使灵魂得以净化、纯化、深化，稻盛先生才去临济宗出家的吧。

只要生命一日不息，灵魂的净化、纯化、深化，这三化则不可停顿一时。只有保持持续不断的精进，你才可能成为稻盛和夫。

心得 7 做一个正直的人

- 面对诱惑，人总是非常脆弱，难以抵抗。
- 工作中，消除"贪""嗔""痴"这三毒是必不可少的。

为什么非法经营屡禁不止？

2015 年 7 月，一条爆炸性的新闻传遍大街小巷。日本代表性的综合电机厂家东芝的前会长、副会长、社长等超过半数的公司董事因"财务造假"而引咎辞职。

根据第三方委员会的调查报告，东芝在过去七年，财务造假涉及金额达 1500 亿日元。面对经营目标的压力，各下属公司或虚增利润，或延期计入当期费用，在财务报表上大做手脚，最终闹出这样的会计丑闻。

这种企业的非法行为和丑闻，东芝并非首例。在过去数十年，这类案例不绝于耳，频现报端。每当看到这类新闻，人们不禁会感到惊奇：

"这种愚蠢的行为迟早会暴露，为什么还会有人做呢？"

"这种非法行为什么时候才会销声匿迹呢？"

我也同样感到不可思议，不过有时我也会这样想：

"如果我也处在那个位置，是否能扛住来自上司的压力呢？"

对于企业的经营者而言，每个人的心里都知道"不得非法经营"这条红线。但是心里明白与实际行动则是两回事。

人可以说是一个时常背叛自己理智的脆弱动物。

尊重原始的伦理

面对这样不争气的企业经营者，稻盛和夫说："不可撒谎，不可欺骗他人，要正直！"这正是我们在幼儿园和上小学时老师教给我们的最单纯、最理所当然的原始伦理观。

有一个著名的"非法三角论"。这是美国犯罪学专家唐纳德·雷·克雷西博士在 20 世纪 50 年代提出的理论。根据这一理论，当动机、机会、正当化这三个要素全部具备时，人的非法行为就会发生。

具体而言，动机就是"完不成目标，就会受到惩罚"的压力，机会就是"缺乏监督机制，账务造假也没人查得出来"，正当化则是自我安慰"大家都在这么做，没问题"。

这三个要素结合在一起，公司经营者就会铤而走险。反过来说，这三者只要消除其中一项，就能防止非法经营的发生。

稻盛先生倡导的伦理观，虽然原始，但强烈地震撼着我们脆弱的心灵。假如，东芝是由稻盛先生领导的话……世间没有假如。但不管怎样，我们在日常生活与工作中，必须磨砺心志，时刻注意克服自身的弱点。

释迦佛祖将"贪""嗔""痴"称为"三毒"，并指出这三毒是误导人们走入歪门邪道的最大原因。人是烦恼的生物，完全消除三毒是不可能的，但只有努力抑制它们，一个人才能活得堂堂正正。

　　稻盛先生抑制三毒的方法，就是拼命地工作。不忘公平公正和正义，认认真真、勤勤恳恳、老老实实地投入到自己的工作中去。

　　意识到这一点，并贯彻到自己的行为当中，这是成为稻盛和夫的必由之路。

心得 8　简化思维

- 在复杂的世界中生存，重要的是将事物尽量地简单化。
- 优秀的管理者不仅要简化思维，还要学会言简意赅地表达。

"销售最大化，费用最小化"

我们周边的环境由各种复杂的要素构成。

比如，影响公司销售额的要素都有哪些呢？员工、顾客、商品·服务、经济形势、政治形势、市场、竞争对手、关联企业、经营理念、经营方针、销售战略等各种要素，不胜枚举。

要开展复杂的经营，那就需要复杂的思维，进行复杂的判断，使用复杂的手段。但是，稻盛先生删繁就简，他将看似复杂的经营浓缩成一个非常简单而又通俗易懂的原则。

销售最大化，费用最小化。

像稻盛先生这样技术出身的经营者在创业之初对经营这门学问并不精通，大多不具备财务知识，对公司的决算报表也是一知半解。

的确，仅以损益计算表来看，有"销售额""销售总利润""营业利润""经常利润""税前当期纯利润""纯利润"等各项财务指标。它们之间有何区别，最该重视哪个指标，这些问题对那些菜鸟经营者来说太难了。

但是，稻盛先生没把问题复杂化，他这样说道："总而言之，要提高销售额，从中扣除各种费用，剩余的就是赚到的利润。因此，公司经营只要将销售额最大化，将费用最小化就行了。"

就这样，稻盛先生凭着他的直觉直接触及经营的本质。

"销售最大化，费用最小化"——这一原则浓缩着稻盛先生的经营智慧，就像一种高纯度的结晶，闪烁着耀眼的光辉。

事情简单化，传达简要化

一名优秀的经营者不仅要有把事情化繁为简的能力，而且还要有将复杂的事物简明扼要地传达出去的能力。

第二次世界大战时，英国首相温斯顿·丘吉尔曾就公文的撰写事宜，做出过有名的指示："行文要简明扼要，哪怕是口语式的也行。"

复杂的事情再以复杂的方式来传达，就会让人不知所云。将复杂的事情简单化，再言简意赅地表达出来，这才有说服力，才能鼓动人心。

写到这里，我想起稻盛先生的许多著作，它们的书名都简短有力。《活法》《干法》《成功的热情》《实学》……每本书都让我们仿佛亲见其人！

那么，我们怎样才能做到将事物化繁为简呢？稻盛先生现身说法，指出"禅定"的重要性。也就是说，当我们思考问题时首先要做到静心、沉着冷静。

我们不必像稻盛先生那样唱经，但每天哪怕拿出十分钟让自己静下心来，培养洞察事物本质的能力，这样你也能成为稻盛和夫。

心得9 自问"动机善否？有私心否？"

- 第二电电创业的背后，有长达半年之久的自问自答。
- 开展新事业时，要舍弃以自我为中心的想法，努力追求善。

半年的时间里，每晚都在扪心自问

1984 年，稻盛先生创办第二电电（今 KDDI）。当时，稻盛先生认为，与欧美先进国家相比，日本的通信价格昂贵，成为国民的巨大负担。尤其是美国的通信价格很便宜，为产业带来活力的同时，也给国民的生活带来便利。

当日本政府决定实施电气通信事业民营化后，稻盛先生满心期望某家大企业带头参与长途通信事业，能将日本的通信价格降下来。但是左等右等，就是不见哪家企业站出来。的确，害怕与行业巨头电电公社（今 NTT）正面对抗，退避三舍也并非不可理解。

但是，忍无可忍的稻盛先生站了出来，决心参与这项新事业。但是，决心既定，召集专家论证时，不知为何，稻盛先生内心不断涌出疑问。

"我站出来参与电气通信事业，真的单纯是为了把日本的电话费用降下来吗？

"真的不是为了提高京瓷的利润吗？

"作为一名划时代的新事业的创办者，自己是不是有私心，想借此沽名钓誉？"

就在这样的痛苦烦恼之际，稻盛先生的脑海里突然涌现出一句话来。这就是："动机善否？有私心否？"

在其后长达半年的时间里，稻盛先生每晚睡前都在询问自己："动机善否？有私心否？"其结果，稻盛先生确信自己动机至善，私心了无。从此以后，他不再迷茫，怀着纯粹的愿望投入到新事业当中，最终成功地使第二电电的经营步入轨道。

做任何事都首先以动机的善恶来判断

当你怀抱目标和梦想、着手新事业、朝着梦想奋力迈进时，需要扪心自问：是不是"动机至善、私心了无"。反省自己的决策是否轻率，是否以个人好恶或利己之心来展开工作，由此对自己动机的善恶做出判断。

所谓善，就是无论何人、身处何种立场都能认同和接受。换言之，就是不能只顾自己的利益、好恶、虚荣等，而是要确保你的动机能被普通大众所接受。

同时，在朝着目标迈进的时候，也应该扪心自问："有私心否？"要不断审视自己是否以随意的判断、利己和喜好等自我中心的想法来推进事业。

动机善，则无私心，也无惧风险。因为，你已经满足了成功的条件。

稻盛先生说"动机善否？有私心否？"这句话能唤醒沉睡在心底的"真我"。"真我"一词出现在中村天风的著作《研心抄》中。"真我"一词简单地说，就是潜藏在心底的善良之心、关爱之心以及利他之心。稻盛先生初次读到这部著作，就爱不释手，反复研读，探究真理。可以说，这本书对稻盛先生的思想形成产生了深刻影响。

就像融化的冰雪渗入地下，再经过漫长的岁月化作涌泉一样，中村天风的教诲催生出第二电电这一伟大事业，开花结果。

让我们也像稻盛先生那样，经常扪心自问是不是"动机至善、私心了无"吧！

心得 10　兼备矛盾的两极

- "温和与严厉"，能够游刃于自相矛盾的两极之间。
- 经营者需要兼备工作上的严厉与对员工的温情。

不管人生还是工作，都需要兼备事物的两极

经营者每天都需要做出重要决断。

有时候，我们需要不顾周边的反对，坚守信念，大胆做出决断并付诸实践；而有时候，我们又需要认真听取周围的意见，小心谨慎地做出判断。

大胆与细心，这看似矛盾的两个方面，经营者要同时兼备，否则就无法开展工作。但是，很多人并非天生就兼备这两种品性，需要在工作与生活中不断积累经验，有意识地磨炼自己才能养成。

这里所提到的"兼备截然相反的两面"，并不是说要居于两个极端的中间，安于中庸。

尽管彼此交情很深，但也要像诸葛亮"挥泪斩马谡"一样，对于破坏公司规则的人要敢于处罚。这样既能体现合理主义的一面，也能展现感性的一面。

经营当中，既不能只有温和，也不能只有严厉。大胆与细心、坚强与柔弱、冷酷与温情、独断与协商、情与理，经营者不仅要同时兼顾这矛盾的两面，还要善于灵活运用。

美国作家F.斯科特·菲茨杰拉德曾说："一流的知性就是同时具备两种极端思维，并能将其持续运用的能力。"也就是说，要有因时因事灵活运用的能力。

需要大胆时则大胆，必须小心时则小心，是为俊杰。

稻盛先生的两个极端——严厉与温情

稻盛先生在工作时严厉如鬼，但与他接近时你就会发现，他还有非常温和的一面。

在工作上，稻盛先生为了获得顾客的喜爱，他努力贯彻完美主义，努力生产出"会划破手"的产品，因此客户认为其非常专业，值得信赖。

为了公司的成长，为了守护全体员工物心两面的幸福，只要发现谁对工作有懈怠之处，稻盛先生就会不徇私情，给予严厉的批评。

由于对工作要求过于严厉，有时看上去似乎对人冷酷无情，其实大错特错。一旦离开工作，稻盛先生就会对员工表现出同志般的关怀和温暖。

作为一名经营者，稻盛先生既有工作上的严厉，也有与此截然相反的对于员工的温情，二者同等重要。

斯伦贝谢公司的总经理简·利普先生访日时，曾与稻盛先生就企业经营交换意见，谈到经营者严厉与温情的两面时，说道："深有同感！经营者应该兼具极端的两面。"他们二人的看法完全一致。

不仅稻盛先生，其他杰出的经营者和伟人也大多具有这种矛盾的两面性。面对各种复杂的局面，学会灵活运用两种手法，这是成为稻盛和夫的捷径。

命运的岔路口

人在自己的一生中，总会遇到几个人生的岔路口。稻盛先生遇到的一个岔路口就是大学毕业后就职于松风工业时，与其兄长的一次意见交锋。

稻盛先生加入松风工业后，工作并不顺心，一度想辞职参加自卫队。为此，他央求老家的兄长寄来加入自卫队所需要的户籍资料，可是兄长没有照办，而是鼓励他"在松风工业好好干"。因为这个，稻盛先生只得打消参加自卫队的念头，沉下心来专心于松风工业交给自己的工作。

那个年代，人们推崇的价值观还是在一个公司工作一辈子，兄长没有寄来资料或许就是这个原因。但是这个拒绝却造就了今天的稻盛和夫。

如果当时兄长寄来户籍资料，稻盛先生如愿加入了自卫队，那么今天就不会有稻盛和夫这位伟大的经营者了。

人生充满着种种不可思议的因缘际会，幸与不幸，你无从预知。

谁都可能遭遇自己不喜欢的工作，也会遇到看似吃亏的事情。但是，尽管如此，只要不忘初心，刻苦努力并持之以恒，则未来之成功也并非奢望。重要的是专注于当下，认认真真地工作，这是稻盛先生从这件事上获得的启示。

　　人生道路上，我们会遇到种种的诱惑，但重要的是沉下心来思考：我的初心是什么？这是稻盛先生通过他的人生传递给我们的人生哲理。

第二章 强烈的愿望终能实现

心得 11　首先从愿望开始

- 如果愿望不是出自真心，那就不可能实现。

- 不管工作上还是人生中，要在心中描绘理想的自己。

"愿望"是一切的开始

众所周知，稻盛先生深受松下幸之助的影响。要达成目标，实现梦想，首先要从愿望开始。这个思想来源于松下幸之助先生的一次演讲。

昭和四十年（1965 年），京瓷公司创办不久，尚是一名菜鸟经营者的稻盛先生想着要从成功的前辈经营者身上学习企业经营的经验，于是赶往京都，参加松下幸之助的演讲会。

这一天，松下先生谈到了"水库式经营"。他说："经营者不能因为经济形势好，就忘乎所以。要做到未雨绸缪，为经济景气不佳时做好储备。就像蓄水的水库一样，经营要做到有备无患。"

松下先生演讲结束，进入问答环节。一名参加者举手提问："松下先生，您是经营之神，当然能做到水库式经营。可是像我们这样的中小企业，怎样才能做到水库式经营呢？能不能请您更加具体地指导一下？"

松下先生沉吟了一会儿，然后脱口而出如下一句话："你必须先有强烈的愿望才行。"

听讲者哗然："愿望？那谁都做得到。"可是在众多听讲者中，只有稻盛和夫与众不同。"心里没有愿望，那什么也无从谈起呀！"——这句话就像一股电流，击中稻盛先生。而这句话就如同上帝的启示，永远地刻在了稻盛先生的脑海里。

要做到水库式经营，公司不同，方法也不一样。但是最重要的是自己要心心念念地去想："我一定要做到水库式经营！"

没有愿望，就没有开始。

愿望是一切的开始。

后来，我又多次从稻盛先生那里亲耳聆听到这句话。

有做好人的愿望

现在，很多人心无所愿，随波逐流。有的人虽然怀有心愿，但是却不能持之以恒，不知不觉间人生变得漫无目标，庸碌度日。

"愿望"具有强大的能量，但是如果愿望只是浅尝辄止，那终究是一场空。只有发自真心的强烈愿望，"我一定要实现"，这才有实现的可能。

掌握许多知识，学会经营技巧，光有这些还远远不够。要成为稻盛先生那样的人，首先要有强烈的"愿望"。

不仅在工作上要想到"我要这样做"，在立身处世上，也要想到"我要温和待人""我要正直"，良好的心愿会成为律己的标准。

当今世界，物欲横流。一个人要做到立身处世诚实正直，殊不容易。也正因为如此，保持"为社会、为他人做贡献"的愿望是非常了不起的。许下这个愿望，随即付诸行动或有难处，但就把许下愿望当作行动的第一步吧。

　　磨砺自己，提升自己，树立为社会做贡献的强烈愿望吧。这个强烈的愿望，将会让你变成稻盛和夫。

心得 12　要具有强烈的愿望

- 把强烈而持久的愿望渗透到潜意识当中去。
- 只要有"目标一定能实现"的强烈愿望，那些看上去高不可攀的目标也同样能实现。

活用潜意识

首先，把自己的目标刻在脑海里，然后把它转化成心心念念的强烈愿望。如果目标只是脑海中的瞬间一瞥，那很快就会忘得一干二净。

心心念念，一刻也不曾忘怀，那么愿望就会不知不觉地渗透到潜意识的深处，只有醒也想，睡也想，你的愿望才会实现。因为一旦渗透到潜意识，它就会让你下意识地采取行动，实现目标。

关于潜意识的作用，美国教育家保罗·麦尔和约瑟夫·墨菲都做过论述。比如，墨菲博士曾说："所有时代的天才和伟人们无不相信这一伟大的宇宙法则。"所谓宇宙法则指的就是灵活运用潜意识的力量。

稻盛先生向这些历史先贤学习他们的思想，根据自身的经历，他坚信潜意识力量的存在。他经常把潜意识比喻成一座冰山。

我们所看到的水面上的冰山只是很小的一部分，其实还不到整个冰山的十分之一。如果我们能够作用于沉睡在水面下的巨大冰山，那自然也就能推动和控制水面上的那一小部分冰山。

潜意识也是如此。只要你有强烈而持久的愿望，那么愿望就能渗进潜意识，如水面下的冰山那样推动你前进。

原町的小公司立志要做世界第一

京瓷公司最初是租借宫木电机公司仓库的一角，从京都市中京区西京原町迈出了创业的第一步。

当时，稻盛先生是这样说的："我要把京瓷办成一流的公司。首先要做到原町第一，接下来要做到中京区第一。在做到中京区第一以后，下一个目标就是京都第一。当了京都第一之后，就要做全日本第一，接下来我的目标就是要做世界第一。"

稻盛先生不光自己这样想，还激情满怀地灌输给全体员工。

原町有一家名叫京都机械工具的公司，生意兴隆；中京区有个岛津制作所，是一家非常大的公司。

"我真的能超过那些公司吗？"稻盛先生心有惴惴，但他从来没有放弃过自己的强烈愿望："终有一天，我要做到世界第一！"

稻盛先生胸怀这一伟大梦想，每天所做的就是付出全部的努力，干好眼下的工作。他每天总是第一个到公司，然后全身心地投入到生产中。

正是因为稻盛先生和他的员工们没日没夜地辛勤工作，同时又时刻不忘"要当世界第一"的强烈愿望，京瓷才得以发展到今天。

也可以说，正因为有了这样强烈的愿望，大家才能没日没夜地付出艰辛努力。

在空巴（工作之余团队的小餐会）上，稻盛先生向大家讲述愿望的重要性时，其情其景深深地烙印在我的记忆里。

即便是看似高不可攀的目标，只要把它转化成愿望作用于潜意识，它就能成为你不断付出努力的原动力。

"我的愿望一定要实现！""我的愿望一定能实现！"这种愿望和信念，不仅能驱动潜意识，还能让你变成稻盛和夫。

心得 13　树立明确的愿景

- 在心中不断描绘通向成功的道路，直至变得清晰，甚至能闻到气味。

- 拥有明确的愿景，你就拥有未来。

"看得见"的愿景是什么？

所谓愿景就是实现愿望、推进工作时的路线图。要成为稻盛和夫那样的人，心中有愿景是不可或缺的要素。

描绘愿景的要点就是把实现目标的过程在脑海中反复模拟推演，直至自己的身心、大脑完全感觉到目标实现时的景象。

从起始到结果，全部流程都在脑海里模拟演练。当然，出现问题时的应对措施也要在模拟演练之中。

仅是模糊想象是不够的，要在脑海中模拟演练，直至仿佛看到鲜明的色彩、闻到飘溢的气味，分不清想象与现实的区别。

"啊，将来是这个样子！"

当愿望着上色彩，甚至散发气味的时候，稻盛先生这才说愿景"看得见"。

人们经常将"愿景"二字挂在嘴边，但是很少有人像稻盛先生那样想得如此深刻。每次与稻盛先生接触，我都痛感自己难以清晰地看到愿景。

当你确定自己的愿景后，请在自己的脑海中反复描绘，反复确认自己眼前是否真的浮现出色彩鲜艳的景象，甚至闻到气味。

有了明确的愿景，人就无惧于任何挑战，再难的工作也能应对自如。

有了明确的愿景，你的目标终能达成。相反，如果心中勾画不出清晰的愿景，失败将不期而至。切记这一真理。

明确的愿景就是未来

稻盛先生在回顾创办第二电电时，曾经这样说道："第二电电的成长、发展与我心中反复思考、描绘的愿景完全一致，就像事情重来一遍一样。"

当时，稻盛先生究竟闻到何种气味，又看到何种颜色的景象了呢？这真是令人好奇。

说个题外话，稻盛先生曾透露说自己患过偏头痛，很是苦恼。我猜测这偏头痛是不是思考过多所致。反复思考到患偏头痛的程度，那么心中描绘的愿景自然是色彩鲜艳的。

关于第二电电的创业，还流传着这样一个令人惊讶的佳话。那时人们做梦也想不到会有手机，但稻盛先生却在心中描绘了一幅未来的远景，他断言："今后将迎来手机的时代。"

周围的人当时都持否定态度。但稻盛先生却清晰地"看到了"未来手机的尺寸大小、价格到话费套餐以及面向全社会普及的情景，无论谁反驳，他都坚信手机时代一定会到来。实际上，他描绘的未来今天已经变成现实。

起于愿望，继以目标，再在心中反复勾画，全身心沉浸到愿景中，分不清想象和现实，终而拥有看得见的愿景。做到这一步，你就能成为稻盛和夫。

心得 14　坚信自己无限的可能性

- 坚信自己的可能性，并付出不亚于任何人的努力，你的能力不可限量。
- 相信自己，拆下加给自己的限制器。

人的能力具有无限可能性

人蕴藏着无限可能性。

人只有相信自己具有尚未发现的能力，才有勇气展开新的挑战。所以，当你投入到一项新的事业时，要相信自己具有无限的能力，"我一定能干好"，持之以恒地付出艰苦的努力。

稻盛先生白手起家，将京瓷公司发展成为世界一流的企业，这件事本身就向我们证明了人所具备的无限可能性。

可是，尽管有了一个这么成功的范例，但是人们仍然很难相信只要自己付出努力，就能取得成功。

自己资质平平，从小学起成绩就一般般，经历了种种失败挫折，终于考进了一所普通大学，求职也是尝尽种种辛酸，终于谋到一份职业，稳定了下来，但工作业绩也难说优秀……

面对这样的自己，你也许会想：我还能相信自己具有无限的可能性吗？如果真有无限的可能性，那么当我尝尽那么多的辛酸，付出那么多的努力时，为什么没有看到回报？

说到底，你还是因为从未真心相信自己的能力。稻盛先生经常说："要相信自己的无限可能性！"我一直以来遵循稻盛先生的教诲，坚信自己的无限可能性。

相信自己，任何时候也不晚

所谓能力，有各种各样。

比如，身体健康，从不生病，这堪称一种能力；待人接物，礼仪得体，颇得人缘，这也是一种能力。不论何种能力，只要加以打磨，能力就能得到发展，这是能力的共通点。

要提升知识，多多学习就行。

要掌握运动技能，反复练习即可。

要有一个健康的身体，那么保持适当的饮食、睡眠、运动就能实现。

要给人留下好印象，那么客观分析自己的优缺点，保持微笑，提高自己的语言沟通能力，这是最佳途径。

相信自己，拓展能力，任何时候都不晚。稻盛先生52岁时创办第二电电，而当他就任日本航空的会长时已是78岁高龄，让日航重新上市则是80岁。

即便您是比稻盛先生还年长的读者，拓展自己的能力也为时不晚。因为年龄已经八十有五的稻盛先生每天仍在挑战自我，年年获奖不断。

不要向自己的身外寻求可能性，而是首先要相信自己，向自身挖掘可能性。从这里，你能获得巨大的发现和机会。

"太难了！""我不行了！"当你心灰意冷、准备放弃之日，没准正是转折的机会孕育之时。稻盛先生经常对我们说：

"当你坚持不下去，行将放弃之时，正是新机会孕育产生的时候。""拆下加给自己的限制器！"

　　请把稻盛先生的这句话铭刻在心底，唤醒蕴藏的力量，付诸行动，你就能变成稻盛和夫。

心得 15 相信"未来的自己一定能做到"

- 不要仅凭今天的能力来判断自己的成败得失，而是要相信自己将来一定能做到。

- 以将来时来看待自己的能力，就能变不可能为可能。

设定的目标要高于自己的能力

许多人一旦遇到困难，就仅凭自己眼下的能力很快做出判断："我做不到。"

不过，他们可能没有意识到，这些问题也许现在无能为力，但在积累经验、增长才干之后的未来，他们一定有能力做到。

所以考虑问题不能仅以现在的自己为基准，而要以将来时看待自己，相信努力成长后自己的能力。这是稻盛先生传授给我们的宝贵教诲。

人类登月，对很多人来说仅是一个美丽的梦想。但是 1969 年美国的"阿波罗"宇宙飞船成功登月。可以说，20 世纪 60 年代的科学家们将 20 世纪 40 年代的科学家们未能实现的梦想变成了现实。正因为有了这些相信"未来的自己一定能做到"并为此付出不懈的努力的古圣先贤，人类才能创造如此辉煌的文明。

换句话说，只要不断进步，你就能变不可能为可能。具体方法概略如下：

●设定的目标要高于自己的能力，并确立实现目标的计划。

●为了在期限内实现目标，要想方设法提高自己的能力，并把有效的方法付诸实践。

"以将来时来看待自己"，这是稻盛哲学（经营哲学）中重要的要素之一。我从稻盛先生那里学到这个方法，不折不扣地贯彻到自己的行为中。

是撒谎还是策略，全看是否真的相信未来的自己

京瓷能发展成日本代表性的企业，其中很大的原因是稻盛先生以将来时来看待自己，相信自己的能力会变得越来越强大。

创业之初，京瓷还是一家寂寂无名的小公司。这样的小公司要去拿订单困难至极，那些大厂家承包的工作拿不到，只能接一些替大厂家擦屁股的活儿，而这些活儿往往是要货急、技术高、大厂家都不敢接的难活儿。对一般人来说，所谓难活儿正好是推辞订单的极佳借口："这个，确实是有点难……"至此就一切结束，当然也就不可能拿到订单。

但稻盛先生不是这样，他从不见难而退，而是当即答应："我们能做。"而且，还会承诺交货期："三个月后，我们交货。"为了不让公司倒闭，稻盛先生真是豁出去了。

带着艰难的订单，回到公司，稻盛先生遭到员工们的猛烈反对："这太难了！这种我们死也做不到的订单，亏你还敢接！"

稻盛先生对员工们的回答是这样的："我并不是撒谎拿订单的。只要提高技术，我们是能够做到的。如果在交货期限内交不了货，那就说明我在撒谎。但如果能如期交货，那就不是撒谎，而是策略。"

从此以后，京瓷公司上下都以将来时来看待自己，相信自己的能力，从不懈怠自己。如果你能做到这一点，那你一定能成为稻盛和夫！

心得 16　以纯粹的心灵去祈祷

- 舍弃私利私欲，以一颗纯粹的心去描绘心愿，这是成功的秘诀。
- 工作为他人、为集体，以较长的时间跨度来看待回报。

提高愿望的品质

一个人无论愿望多么强烈，只要在心底还存有私利私欲，他的成功就不会长久。

违反世道公理、夹杂私利私心的愿望，必将与社会产生冲突，最终变成孤家寡人，被社会所抛弃，导致失败的结局。

以一颗纯粹的心来描绘愿望，就能期望获得巨大的成功。稻盛先生是这么说的，事实也证明他是对的。

以一颗纯粹的心来描绘愿望，高尚的愿望就会渗透到潜意识中，再通过纯粹的努力，愿望就能变成现实。

人们常说"社会性的企业"。所谓社会性的企业，我认为就是通过解决社会问题，获得经营利润的公司企业。

社会创业家中有一个非常有名的人物，他叫穆罕默德·尤努斯。穆罕默德·尤努斯是一位出生于孟加拉国的经济学家，他创办格莱珉银行，向贫困者发放小额贷款，为改善孟加拉国的贫困做出了贡献。他因此而获得 2006 年诺贝尔和平奖。

美国纽约的民间公益组织柯蒙·格兰德从市政府接手老朽的建筑，将其改造后提供给流浪者等低收入人群。柯蒙·格兰德并不仅靠捐助维持运营，还接受著名的冰激凌连锁店本 & 朱莉的店铺转让，依靠经营获得收益。

无论是格莱珉银行还是柯蒙·格兰德，它们都是基于纯粹而美好的愿望开始经营的，堪称成功的绝佳案例。

"为集体工作""以较大的时间跨度来看待回报"

要取得成功，就要想到"工作为他人""工作为集体"，去除私心杂念，怀着一个纯粹的愿望出发。

但是，一个人要完全摒弃私心杂念，这几乎是不可能的。我也不敢有这种自信。我们所能做的就是尽可能地抑制自己谋求私利的欲望。

稻盛先生说有两个办法能抑制自己的私利私欲。

第一是"将工作的目的改为为他人、为集体"。将目标由利己转向利他，自己的愿望就将接近于纯粹。

第二是"从较长的时间跨度来看，相信善心终将获得回报"。世间确实有一些利欲熏心、品行败坏的人获得利益、取得成功。有人因此而愤愤不平，甚至自暴自弃。但是稻盛先生深信佛教中的因果报应。今天的行为必将变成结果呈现出来，只是时间跨度可能是 30 年甚至更长。

从较长的时间跨度来看，品行不端者必将被淘汰，这已是被历史反复证明的事实。因此，我们要让愿望变得纯粹、美好。怀着一个纯粹的愿望，砥砺前行，那么你也能变成稻盛和夫。

心得 17　燃烧的斗魂

- 燃烧的斗魂，不是为了战胜他人，而是为了激励自己成长。
- 要有岛津义弘那样的品行与斗志，为社会、为他人竭尽全力。

用斗志最大限度地激发自己的力量

商业世界是竞争激烈的社会，成功失败的故事无时无刻不在上演，充斥着市场的每个角落。

企业经营者有无旺盛的斗志、有无燃烧的斗魂，这一切决定着企业的命运。每一个经营者都应是一名永不服输的格斗士，无论面对何种困境，都应有不获胜利决不罢休的坚强意志。

这里所说的"斗志"，并不是指要战胜谁的个人义气。稻盛先生所说的是要激发自己能量的斗志。

请大家想象一下空地、庭院、路边的杂草吧。它们为了沐浴阳光，伸枝展叶，竞相成长。同时，为了生存，它们都学会独门绝技，积蓄养分，忍耐寒冬，静待春天的来临。它们从来不曾想到要把周围的杂草踩到脚下，它们一心想做的就是拼命地激发自己的力量，生存下去。

"弱肉强食"是指强者通过某种力量抑制或吃掉弱者。但在杂草的世界里通行的法则是"适者生存"。只有心怀斗志，努力适应社会的人才能生存下来。

具有旺盛的斗魂

"盛和塾"的塾生中，有不少是继承家业的第二代、第三代经营者。他们大多在优渥的环境中长大，斗志薄弱，甚至有些人毫无斗志。但是既然已经成为一名经营者，那就必须调整心态，必须具有旺盛的斗魂。他们与我一样，都因受到稻盛先生的指导激励，才点燃了自己的斗魂。

稻盛先生出生于鹿儿岛县，从小就不服输。人们常说萨摩藩出身的人斗志旺盛，我以为稻盛先生旺盛的斗志可能就源自他的家乡。

《萨摩伊吕波歌》是一首歌唱萨摩武士坚强斗志的歌，据说是战国武将岛津忠良为教育子弟而创作的。其孙子岛津义弘受到很大影响，在关原之战中，他勇闯敌阵、率军突围、豪气干云，这正是萨摩武士精神的最好体现。

当时由于友军石田三成的背叛与撤退，岛津义弘率领的岛津军在关原陷入孤军重围之中。岛津临危不惧，他采取的战法不是率军后退，而是向敌军主阵地突击。凭着置之死地而后生的坚强斗志，他们战胜强敌，成功突围。这场史无前例的战斗使得岛津军一举成名，被称为"勇敢的岛津军"。

岛津义弘同时还是一位体恤部下、充满人情味、令人倾慕的武将。此战之胜，我想正是拜他的人品德行所致。

"这就是萨摩的斗魂，这就是我们应该具备的斗志。"说到这里，稻盛先生昭示的斗志，大家也就不难理解了吧。

做一个正直的人，时刻衡量自己的行为是否"有益于社会""有益于公司"，与此同时还要保持旺盛的斗魂，这是一名经营者的必备素质。如果你也具有岛津义弘那样的斗志，那么你也能成为稻盛和夫。

心得 18　勿忘挑战精神

- 安于现状之时，正是退化之始。
- 有实力的挑战，才能开创新局面。

勇于挑战才能开创未来

人原本是安于现状、不喜变化的生物。随着年龄的增长，人的挑战精神会趋于衰减，同时也会基于过去成功的经历而固守荣光、墨守成规。

所谓新的挑战，其实就是不拘泥于过去的成功，突破陈规。人们惧怕挑战，是因为万一挑战失败，那么连过去的功劳都可能一并遭到否定。其风险之大，无异于否定自己的人生。因此，人们尽可能避免挑战，安于现状，其心情也是可以理解的。

但不挑战就能固守过去的成功，这种想法不过是一种错觉。安于现状之时，正是退化之始。现状的稳定，并不能给明天带来任何保证。因此我们才需要拿出勇气去挑战新事业、新课题。

稻盛先生的故事就是一部挑战史，这绝非虚言。

他决定徒手创业时是如此，兴办第二电电时也是如此。尤其是决定创办第二电电时，电气通信事业与迄今取得成功的精密陶瓷事业行业迥异，完全是一项崭新的挑战，同时也是对当时的电信巨头电电公社（现 NTT）挑战，风险巨大。

尽管如此，但是稻盛先生无所畏惧。而且，这种挑战精神至今燃烧在稻盛先生的斗志之中，以 78 岁高龄就任日航会长，挑战日航的重建，就是鲜活的一例。

如果稻盛先生当时首先考虑的是自己晚年的名誉，那么他可能就会拒绝这次挑战。

你有资格去挑战吗？

挑战，这个词清脆入耳，人们经常把它挂在嘴边。但是挑战必然伴随着风险，挑战也是需要"资格"的。没有胜算、没有实力，挑战就是徒劳。

稻盛先生创办第二电电时，京瓷公司账上有大约 1500 亿日元的结余资金，其中创办第二电电用去 1000 亿日元。第二电电即便创业失败，也不会危及京瓷公司的经营。正是因为有了这份雄厚的实力，稻盛先生才能展开大胆的构想，并取得令世人瞠目结舌的成就。

此外，挑战还需要勇气与觉悟。

挑战直至成功，其过程充满苦难，艰巨复杂。稻盛先生就曾经这样问过我们：

挑战需要付出无尽的劳力与努力，你有这个精神准备吗？

挑战需要高远的志向以激励斗志，你有吗？

挑战需要不畏苦难的坚定意志，你有吗？

……

如果你的回答都是"有"，那么你就是具有"挑战权利"的人。不能吃苦耐劳、勤勉努力，挑战就不可能取得成功。

那么，你有挑战的精神吗？

你有挑战新事业、新课题的资格吗？

为了成为稻盛和夫，我每天都在这样问自己。

心得 19　努力去喜爱任何工作

- 既然承担了这份工作，那就要努力爱上它。
- 让新工作取得成功的关键是"喜爱工作"。

喜爱自己的工作，就能感到幸福

要完成自己的工作，需要干劲儿，而且还是一份莫大的干劲儿，并非唾手可得。那么这份干劲儿从何而来呢？

稻盛先生一语道破，这份干劲儿来自对工作的喜爱。喜爱自己的工作，精力自然随之而来，干劲儿也就不会枯竭。

盛和塾有一个"塾长问答"的环节，由塾生直接向稻盛先生提问。从事业初创的经营者到第二代、第三代经营者，他们会就自己遇到的经营难题向稻盛先生请教。其中，稻盛先生关于工作的一段对话，令人记忆深刻。

提问者是一位继承父辈家业的第二代经营者。

"稻盛先生，您经常说要喜爱自己的工作。可是我是因为父亲的要求才勉强答应继承家业的，干的并非自己喜欢的工作。因此，想要喜爱自己的工作，我怎么也做不到。我该怎么办才好？"

稻盛先生回答道："谁也不敢肯定自己能找到一份喜爱的工作。工薪职员也是一样的。我认为，既然承担了这份工作，那就要在现有的条件下，努力喜欢这份工作。这样我们就能开辟出一条新路。"

仔细想来，此话真实不虚。在不情不愿中工作，自然令人难受，但如果喜爱这份工作，那工作就是件快乐的事情。不要纠结于自己喜欢与不喜欢、擅长与不擅长，只要喜爱自己的工作，干劲儿自然而然就有了。

比谁都喜欢这份工作，那你就比谁都更努力。自然当工作结束时，你就能获得满满的成就感和自信心。我觉得自己从稻盛先生身上学到了这一点。

抱着产品睡觉

稻盛先生对于自己研究开发的产品，像爱护自己的孩子一样，百般呵护。曾有过这样一个故事。

在创业之初，京瓷公司曾得到一个订单，生产用来冷却广播机器中真空管的"水冷复式水管"。当时，京瓷公司只能加工小小的精密陶瓷产品，对于生产大而复杂的产品既缺工艺又缺设备，因此，几经试验也无结果。

这项订单的技术瓶颈在于产品的干燥法。由于尺寸太大，干燥过程中容易出现干燥斑点。

但是既然承接了订单，那就必须设法完成。稻盛先生殚精竭虑，最后竟然想到一招，那就是抱着产品睡觉。

稻盛先生横卧在窑炉的附近，小心翼翼地把产品抱在怀里，彻夜不眠，为了防止产品变形，通过缓慢转动的方式，让它均匀受热干燥。

经过这番努力，终于圆满地完成了产品的研制。

后来，谈及此事，稻盛先生说，只有把产品当作自己的孩子，满怀深情地希望把它"抚养成人"才能做到这一点。

　　稻盛先生几经严酷、未知的挑战，都能取得成功，其根本一点就在于他比谁都喜爱自己的工作。换句话说，只要你真心实意地喜爱上自己的工作，那么你也能成为稻盛和夫。

心得 20　具备真正的勇气

- 要想准确无误地把工作向前推进，该说的要说，该做的要做。
- 向世界伟人们学习"真正的勇气"。

拿出真正的勇气，以正确的方式贯彻正确的事情

拿出真正的勇气——这句话源于京瓷公司创办不久发生的一个事件：一名公司员工引发的交通事故致人死亡，稻盛先生作为公司总经理要去致歉谢罪。

当然，从死者家属的角度看来，稻盛先生就是导致他们失去家人的罪魁祸首。稻盛先生也非常愧疚，恨不能有个地洞钻进去，但是他认为，"作为总经理，公司员工犯罪就等同于自己犯罪"，因此他不是找一个中间代理人，而是毅然决然地选择面对死者家属，诚心诚意地道歉。

后来回顾此事，稻盛先生依然神色庄重，仿佛仍在赎罪。他说："作为公司的老板，员工犯罪不逃避，面对面诚心实意地道歉，这也是一种勇气。"

在商业世界中，如果有了这份真正的勇气，那么就不可能有粉饰报表、数据造假等丑闻频频见诸电视和报端了。

《论语》有言："见义不为，无勇也。"说的是，一个人明知可为，却不采取行动，这就是无勇。

要让事情运行在正确的轨道上，有时候该说的必须说。即便伴随着某种牺牲，正确的事情也必须正确地坚持到底。

"知易行难"，但尽管如此，也要像稻盛和夫那样拿出真正的勇气。

经营者会经常面临不得不做出决断的考验，这时就必须拿

出勇气做出决断。但这种勇气绝非鲁莽、欠缺思考的蛮勇。

稻盛先生所说的"真正的勇气",指的是"经营者在坚定自己信念的同时,拥有以小心翼翼、如履薄冰的心态应对挑战的勇气"。

具备真正勇气的世界伟人

在这个世界上,有许多人为了社会、为了人类奉献自己的才智与勇气,甚至不惜牺牲自己。

比如,南非共和国的第八任总统纳尔逊·曼德拉,他就是一位将自己的一生奉献给废除种族隔离制度的伟大人物。

南非自 1948 年至 1994 年奉行种族隔离制度,曼德拉也因此被关进监狱长达 27 年之久,直至 1990 年才被释放。曼德拉作为拥护人权、反对种族隔离制度的代表性人物,不仅鼓舞了南非人民,也给全世界受迫害的人民带来了勇气。

曼德拉在被释放后的 1994 年,当选为南非第一任黑人总统,同年宣布废除种族隔离制度。无论身处何地,坚定自己的信念,以正确的方式贯彻正确的事情。曼德拉的这份勇气改变了南非,也改变了世界。

此外,令我们记忆犹新的还有 2014 年,年仅 17 岁的巴基斯坦人马拉拉·优素福·扎伊获得了诺贝尔和平奖,成为有史以来最年轻的诺贝尔和平奖获得者。她虽然受到塔利班的枪击,但是始终不改初心，呼吁保护女性受教育的权利，鼓舞了全世界的妇女。

世界上众多的伟人告诉我们，"真正的勇气"是何等的可贵！

具备真正的勇气——这样，你也能成为稻盛和夫。

心的多重结构构成稻盛和夫的精神基础

我们把纯洁无瑕的心灵称为"真我"。通过对内心的净化、纯化、深化，人们就可以到达"真我"。努力理解并掌握"真我"，就能越来越接近稻盛和夫。

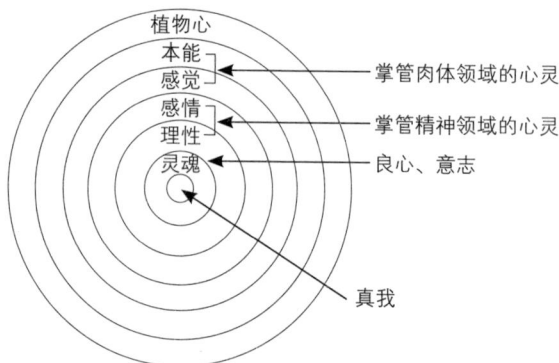

心灵的多重结构　判断标准

最外侧…植物心…自律神经领域

第二环…本能…维持和保护肉体的食欲、性欲、斗志

　　　　　　　（一切以是否利己、是否赚钱为判断标准）

第三环…感觉…五感（看、听等）

　　　　　　　（判断标准会根据时间和经验而发生变化）

第四环…感情…好恶／任性

　　　　　　　（完全不基于判断）

第五环…理性…能够建立和分析事物的逻辑

（不能依据理性做出判断）

第六环…灵魂…灵魂＝真我＋美

中　心…真我…我＝真我、真我＝永恒不灭、利他

　　　　　　体现为真善美。

　　　　　　灵魂就是你自己，

　　　　　　灵魂，大家是相同的，

　　　　　　但是基于构成社会的必要性，上帝赋予肉体以个性差。

　　　　　　"公平、诚实、友爱、勇气、温和、和谐＝真的判断标准"

第三章 创造 130% 的成果

心得 21　忘我工作

- 工作是提高人格的"修行"。

- 人生最大的乐趣不在休闲，而在工作之中。

二宫尊德一心不乱地工作，终成大器

我们究竟是为什么而工作？也许有人会回答："不就是为了有口饭吃嘛。"这话也不错，的确，如果不工作，就无从解决自己的衣食住问题。

但是，工作的目的仅仅是糊口吗？难道工作就是一种苦工，人生的乐趣就在于扣除工作和睡眠之后的闲暇之中吗？

"错，大错而特错！"稻盛先生认为，工作是磨砺人格的最佳方式，是提高灵魂的"修行"。

所谓"一心不乱地工作"就是勤奋。诚实地面对工作，聚精会神地投入到工作当中。将"一心不乱地工作"的价值体现得淋漓尽致的典型事例就是二宫尊德（日本江户后期的农政专家，一生致力于村藩的改革和复兴，以农村实践家著称。——译者注）。二宫尊德出生于一个贫穷的农民家庭，早年父母双亡，兄弟骨肉离别，自己被伯父收养。

伯父对尊德非常冷淡。当他夜晚点燃油灯想要读书时，遭到伯父训斥："别浪费灯油！"无奈，尊德自耕田地，播下菜种，榨取菜油。可是伯父又说："你的时间都是我的，收获的菜油也是我的。"

尽管如此，二宫尊德从未放弃读书、求学之心。他在去田地干活的路上仍然手捧图书，惜时如金。身背柴薪、手捧图书的少年尊德的铜像，就是源于这个故事。

在那段苦难岁月里，二宫尊德从早到晚投入到田间地头的劳作中，对他而言没有用于娱乐的闲暇，除了劳作就是学习。

二宫尊德利用自己的学识与思想拯救了一个个农村，获得农民的尊崇，直至被幕府录用，终成大器。

工作之中有真乐趣

二宫尊德认为要拯救贫穷的农村，不应该依靠金钱援助来进行，而是要切断对农村的金钱援助。

他认为，金钱援助会使农民甘于援助，养成懒惰的习惯，最终会使农村更加贫困。要从贫困中走出来，只能依靠农民自己的力量。因为尊德通过自身的经历深刻体会到了劳动的价值与意义。

稻盛先生创办京瓷，并让它在东京证券交易所成功上市。公司上市时，有人劝稻盛先生："这下功成名就，可以享享清闲了。"因为只要在上市时抛出自己的股票，所获得的收益即使一辈子不工作也能衣食富足、安乐无忧。

但是，稻盛先生丝毫也不曾考虑过要享清闲。他没有卖掉自己所持的股票，还把新发行的股票的售后收益转换成公司的收益。他暗下决心，"既然已经上市，工作更要克勤克俭"。这是何等令人敬佩的决心啊！

唯有工作中的快乐，才是令我们内心安然的快乐。在我们的人生中，工作占了巨大的比重。如果我们不能从工作中感受到快乐，那我们人生的快乐又从何而来呢？

聚精会神、一心不乱地工作。成就某项事业，并从中感受到生存的意义，这样你也能成为稻盛和夫。

心得 22　追求永不妥协的完美

- 在工作中要追求"完美"，并付出巨大努力。

- 只有具备了一切追求完美的精神，才能制造出"会划破手"
  的产品。

制造产品必须追求完美

稻盛先生曾与法国优秀企业斯伦贝谢公司的总裁让·里夫就"最佳"与"完美"进行过对话。

斯伦贝谢公司提出的是要"做到最佳",而京瓷公司则是要"追求完美"。

稻盛先生说道:"所谓最佳,就是与其他相比,做到最好的意思。但是产品只要有些细微瑕疵,这从工匠精神来看就无异于失败。相对而言,即便是残次的失败品,也有其中的最佳。但是,所谓完美,它不是与其他产品相比,而是意味着绝对。既然是完美,那就没有比完美更好的东西。"

这场对话持续到深夜,最终以里夫总裁认同稻盛先生意见而结束。他说:"我赞成稻盛先生的意见。今后我们追求的不是最佳,而也应是完美。"

在产品制造领域,制造者的内心体现在产品上。制造者随意马虎,产品也将是个随意马虎的残次品。而如果制造者精益求精、力求完美,那么产品也必将精美。

也就说,"做到最佳"和"追求完美",这两种心态下制造出来的产品是迥然不同的。

制造出"会划破手"的产品

稻盛先生将完美的产品用"会划破手"来形容。

所谓"会划破手"的产品，就像一张刚刚印刷出来的崭新钞票，微涩的触感、边角的锋锐、弹指的清脆、恰到好处的纸张张力绝妙地融合在一起，这就是"会划破手"。

这句话最初产生于京瓷研究开发半导体集成电路的时候。经过千辛万苦研究开发出来的产品，稻盛先生一眼就看出这不是他所期待的产品："性能不错，但是颜色不够纯净，这不行！"

研究开发的负责人非常不满，诘问道："颜色不纯净与产品的性能没有关系。社长您也是技术出身，可不能随便乱说。"

稻盛先生当然知道大家为此付出了多大的努力，但他没有让步。

"这种陶瓷是纯白的，人们看到它时，应该不禁产生'会划破手'的错觉。因此，产品也必须做到外形精致才行。这种外形的精致比产品的特性更重要，不是吗？"

外形实际上也是内容的表面化，它与性能同等重要，甚至更重要。稻盛先生认为产品的一切都重要，一切都应追求完美，要把产品做到精致。

百分之百地追求完美，这对于每一个人来说实在是很难。但是具备追求完美的意识，并把它运用到工作当中，做到这一点，你也能成为稻盛和夫。

心得 23　相扑要在土俵的正中央发力

- 工作拖延是由于怠慢与消极在作怪。

- 打出提前量，即便出现问题也能从容应对。

从一开始就使出浑身的力量

日本有句谚语:"火灾场里生怪力。"这句话的意思是,人的力量通常没有全部发挥出来,只有身临险境才能激发出难以置信的力量来。这似乎已被科学所验证。有科学家认为,通常人们充其量仅使用了其能力的 70%,"我做不到""太累了"等消极思维是限制人们发挥其全部能力的主要原因。

的确,我们观看相扑比赛,有时会看到一名力士在被推到土俵边缘、胜负悬于一线之际,他会突然使出洪荒之力,将对手掷出场外。这种洪荒之力并非源自某种幸运,而是力士本身所拥有的力量。因此,稻盛先生提出"决胜之战一旦开始,就要使出全身的力量",强调要在土俵的正中央与对手竞技。

包括我在内,许多人都有拖延工作的习惯,不到截止期工作就完不成。只有截止期限迫在眉睫时才会振作精神,一鼓作气把工作做完。所以,很多人都会与我抱有同感:"火烧眉毛时的集中力真是不一样啊。"但这完全是错觉。在你身负压力的情况下,你都能发挥出全部力量,那在时间优裕时就使出浑身解数来,岂不是能更高质量地完成工作吗?

打出提前量,就能避免无谓的麻烦

工作和学习都是这样,计划没有变化快,总会有意想不到的状况发生。

"考试是 × × 天，那复习就从 × × 天开始。"如果你满打满算地制订这样的计划，那肯定会出问题。因为你可能会收到朋友的邀约，也可能会感冒发热需要卧床休息。因此，为免受这种计划外的事情影响，打出提前量不失为良策。提前安排复习，即便发热感冒、即便考试范围超出预计，或者即便让自己忙里偷闲喘口气，那也能因为准备周全，无碍考试。

据说稻盛先生小学和中学时就没有好好学习过。那时的他一门心思就是想着怎样让自己更善于打架、棒球怎样才能打得更好，直到高中二年级时才知道开始学习。但上了大学后，他一门心思用于学习，考试前的一两个星期就已经做好考试的准备了。

工作也是一样。临近交货期才出产品，那么一旦出现残次品，则会无从应对。因此，稻盛先生一直提倡"要在土俵的正中央发力"。万一出现残次品，距离交货期还有时间，还能重新生产。工作计划有了提前量，就能避免无谓的麻烦。

"要在土俵的正中央发力"，这是关于交货期的稻盛式的思维，也是为了便于员工理解交货期的重要性而说的一句话。

今天，这句话成为京瓷的指导方针，一旦有员工偷懒，就会被人批评："喂，你这是在土俵的正中央发力吗？"

人原有的力量没有得到发挥，这是因为"时间还来得及"这种内心的怠慢、"我累了""我做不到"这种消极心理在作怪。

在你还有体力时所发挥的力量，其实远大于紧急时刻所迸发的力量。

为了发挥出浑身的力量，让我们将计划提前，设定决胜日和完成日，然后以"我一定要干好"的积极心态投入到工作中去，不轻慢、不懈怠，这样你也能成为稻盛和夫。

心得 24　贯彻现场第一主义

- 有些经验与启示只能在生产现场获得。

- 理论不付诸实践，不过是纸上谈兵。人们可以通过实践与
  体验来理解和掌握理论。

隐藏在生产现场的神灵启示

"畳水练"这个词您听说过吗？意思是在日式的草席垫子上练习游泳，"方法与原理已经精通，但是没有实效"。

方法与原理并非无益，但是理解与经验存在着巨大差异。有些经验只有在生产现场才能得到。

稻盛先生创办京瓷公司不久，曾去参加某个经营研讨会。参加的动机是研讨会的日程上有本田技研工业（今本田）的创始人本田宗一郎的演讲。研讨会三日两晚，在一家温泉旅馆举办，参加者可以泡完温泉后身着浴衣聆听本田宗一郎的演讲。但是本田宗一郎还没有开始演讲，就对这种研讨会大加否定：

"你们泡着温泉，品尝美食，美其名曰是来学习经营。有这时间的话，还不如赶快回去工作！"

与研讨会参加者形成鲜明对照的是，本田宗一郎是从生产现场直接赶来的，还穿着工作服。稻盛先生被本田宗一郎的话一语击中，从此对他更是感佩不已。

京瓷有个"四现主义"，现地（当地——译者注）、现场、现物（实际物品——译者注）、现金。去往现地，触摸现物，看过现场，培养成本意识。鲜活的信息只存在于生产现场。

最近关于通过 IT 来管理人与物、提高管理效率的声音可谓甚嚣尘上。但是，计算机里能看到的只是数字，看不到现场的鲜活信息。如果我们坚决贯彻"四现主义"，就可以得到商品研制开发的启示，找到解决问题的突破口。

京瓷创业时曾试制某种产品，但是几经试验产品任意卷曲，都以失败告终。陶瓷产品是用于电子工业的，精度要求特别高。稻盛先生找到失败的原因，想方设法要加以解决，但试制过程总是不如意。

稻盛先生百思不得其解，于是打开炉窑观察孔，想看看产品卷曲的过程。看到炉窑中产品不断卷曲，稻盛先生真是烦恼至极，他恨不能伸手进去，将卷曲的部分伸直。

当然，高温窑炉，手是不可能伸进去的。但这给了稻盛先生一个启示，找到一个增加耐火性的烧制法。稻盛先生曾说："现场有神灵。只有在现场，你才能听到神灵的启示。"

理论与实践的巨大乖离

产品制造的原点在生产现场，销售与服务的原点在与客户面对面的现场。仅凭办公桌上天马行空的想象，是不可能体会到的。

日航重建时，稻盛先生也是亲赴现场，接触现物，传达成本思想。为推进成本意识的改革，曾经为办公用的一支笔、一张纸标上价格。现在这已成众所周知的故事了。

日本电产的永守重信也在贯彻"现场、现物、现金主义"。日本电产通过 M&A（企业兼并与收购）来收购那些赤字企业，再加以重建。因此他们非常重视与顾客的面对面交流，在生产现场观察现物，绝对不允许出现赤字。他们以实际成果证明，办公桌上的纸上谈兵解决不了任何实际问题。

产品制造的理论也好，市场营销的理论也好，经营理论也好，毫无疑问它们都是非常重要的。但是理论与实践之间还存在着巨大鸿沟。理论不付诸实践，那不过是纸上谈兵，只有佐之以体验与实践，理论才真正有益。

真正地走进现场，投身于工作，能做到这一点，你也能成为稻盛和夫。

心得 25　一定要实现"新计划"

- 没有私利私欲、纯粹而美好的愿望具有让梦想成真的魔力。

- 能够享受逆境的人，必将带动周围人，改变世界。

纯粹的愿望将成为实现梦想的原动力

要想让新计划成功实现，关键在于志气高昂、不屈不挠、一心一意！

这是稻盛先生多年来最为珍视的一段名言。这段话既曾被用作1982年京瓷经营方针发布会的口号，又曾在2010年就任JAL会长后直接诉诸员工，唤起全员的共鸣。

这段话原出自实业家、倡导积极思维的哲人中村天风的著作。稻盛先生对这句话产生强烈共鸣，把它作为实现计划所不可缺的思想准备。

无论遭遇怎样的艰难曲折，也不放弃自己的计划和目标，志向存于高远，从不屈服。那些看似困难的梦想和目标，只要你一心一意，矢志不渝地努力，最终必将实现。

但是，要做到矢志不渝并不简单。尤其是那些头脑聪明的人，他们有先见之明，能看到前途的困难与风险，能算出成功的概率有多大。但正因为如此，他们当中悲观论者居多。

反过来，乐观的人不会计较眼前的得失，他们会因为"于人有益""看上去很不错""先做起来再说吧"等理由就投入到新计划中去。越是乐观、简单的人，越能贯彻纯粹的初心。

也许有人会嘲讽他们"太傻""尽干傻事"。这是因为他们不理解一个纯粹而美好的愿望中其实蕴含着神奇的力量。

稻盛先生在开创第二电电的事业中，向我们展示了愿望的力量。通信自由化后，有三家公司同时参与到电气通信事业，但处境看似最为不利的第二电电却创造了最好的业绩。稻盛先生将"缺乏经验""没有通信技术的积累"等等不利条件，一一踢到爪哇国去了。

越是领袖越要有不屈不挠的精神

在重建日航时，稻盛先生同样没有航空业界的知识和经验。从某种意义上说，重建时稻盛先生所拥有的最大武器就是纯粹而强烈的信念。当时的日航弥漫着悲观的气氛。让员工们能改变这种悲观情绪、相信日航的重建能成功，就是稻盛先生对于重建的执着与一定要成功的信念。

纯粹而强烈的信念会感染周围的同事。任何艰难我们都能克服。任何苦难我们都能渡过。高举的目标我们一定能实现。这项事业有益于全社会。积极的态度会带来乐观的情绪。稻盛先生就是这样在日航中传递和扩散自己的信念的。

由此可见，站在组织第一线的负责人、现场的领袖不可或缺的就是纯粹的信念。另外，还有乐观与积极的心态，借用中村天风的话来说，就是"一贯积极"。

实际上，稻盛先生也曾尝试在新项目中将项目负责人委任给积极的人。这是因为能够享受困难的挑战与逆境的人往往具有领袖气质，他能带领周围同事往前奔。

无论身处何种苦境，无论周围环境如何闭塞，只要领头人拥有强烈的信念，就能产生无限的力量。

能让那些看似高不可攀、手不可及的目标最终得以实现，靠的就是不屈不挠的精神，靠的就是纯粹而强烈的信念。

面对艰难能不屈不挠，这种斗志可以改变一个组织、一个社会，进而改变日本，甚至改变世界。能做到这一点，那么你也能成为稻盛和夫。

心得 26　全神贯注于眼下的工作

- 对身处的环境牢骚不满，这将封闭自己的可能性。
- 人生良性循环始于自己的能力能得到十二分的发挥。

开拓道路

你现在能全神贯注于眼下的工作吗？会不会因羡慕风光无限的同事而闹情绪？或者觉得"那份工作让我来干的话……"从而心中愤愤不平，悲叹自己怀才不遇？

每个人都具有不同的才能和性格，成长的环境也各不相同。这不是自己能够控制的。但是与生俱来的天赋既不是你度过人生的优势，更不是劣势。你的心性与努力，将会帮助你开辟未来。

打开光辉的未来之门的那把钥匙就是全神贯注于当下。

稻盛先生成长的环境并不好。报考的大学第一志愿落选后，进入当地新办的鹿儿岛大学就读，毕业时又因为经济不景气而遭遇就业难，最后委身于京都一家小公司，可是这家公司风雨飘摇，随时都可能破产。管理层你争我斗，拖延工资更是见怪不怪。失望之至的稻盛先生曾一度考虑辞职，但被长兄制止。由于还要用自己的工资赡养父母、补贴家用，稻盛先生不得不打消辞职的念头。

但就是在这种令人绝望的环境下，稻盛先生发现转机。他下定决心："既然我不能改变现有的环境，那就改变我能控制的我自己。"

"我只能从眼下的工作中寻找快乐。那我就投入到研究当中去吧。"

就这样，稻盛先生投入到工作当中，自然就出现了好的结果。上司的评价提高了，工作更有干劲儿了。这就是良性循环的开始。对工作的态度转变后，稻盛先生终于通过自己特有的手法，在日本首次成功合成精密陶瓷材料。毋庸置疑，当时所掌握的技术与手法，为后来的京瓷奠定了基础。

促成稻盛先生转变的不是环境，而是"全神贯注于当下"的心态。

自立是全神贯注的基础

要做到"全神贯注于当下"，首先需要的是"自己的道路自己来开拓"的气概。

悲叹自己怀才不遇、羡慕他人，根本原因在于总觉得自己运气不好，或是期盼有贵人相助。

经营者期盼经济环境转好，工薪职员期盼拿到一单大生意，这都是寄希望于他人，盼望运气惠顾。但无论是让工作过程变得有趣，还是想产生好的结果，都需要一种舍我其谁、勇挑重担的气概。

京瓷有一种著名的"阿米巴经营方式"，自立就是这种经营方式的根本。每个小部门的负责人都要承担自己的责任，开展经营。

不依靠他人，不寄望于运气，让每一份工作都产生好的结果。如果处在不理想的环境之中，那就通过自己的努力把它改造成令自己舒适的环境。如果身在不理想的公司，那就通过自己的勤奋工作，把它改造成优秀的公司。

让我们像稻盛先生那样不受环境左右，承担起自己的责任，发挥自己的作用吧。心态改变，结果自然水到渠成。一个良好的结果，又会蕴含着下一次良机。做到这些，你就能变成稻盛和夫。

心得 27　踏实努力，决不懈怠

- 辉煌的成功，靠的是日积月累专注而踏实的努力。
- 钻研创新能让每日的努力充满乐趣。

不要忽视每天的成本统计

在前文我反复提到，拥有伟大的梦想和愿望是何等重要。虽然目标伟大，但是具体的工作却是单调乏味的，需要踏实勤勉的努力才行。

"每天重复这样单调乏味的工作，何时才能实现伟大的梦想？"你也许会因此而忧心忡忡，烦恼不堪。

但是，纵观古今中外所有辉煌的成功，无一不靠的是日积月累专注而勤勉踏实的努力。就如在冥河河滩堆积的石块，垮塌后又会重新垒起，周而复始，从不放弃。事实上，经过勤勉的努力之后，成功便会水到渠成。

稻盛先生提倡"要做公司经营成本的日报表"。这句话的意思就是，不要根据每月末得出的经营报表来做出经营判断，而是提倡经营者不要忽视每天的成本统计。

的确，从每月的成本统计表中，也可追溯到每天发生的销售额与经费成本。但是以日为单位的统计数字结果，将反映到每月的经营业绩当中，也决定着年度经营的成败。

稻盛先生认为："如果没有关注每天的成本意识，经营就不可能取得成功。企业经营时不关注每日的成本与业绩，就如盲目开车，车毁人亡是必然的。"

每天严谨细致地制作成本报表，这种意识本身非常重要。正是通过这种日积月累的努力，才有可能将梦想变成现实。

钻研创新

美国第十六任总统亚伯拉罕·林肯非常勤奋，至今深受美国人民的爱戴。他出生于一个贫苦的拓荒农民家庭，没有机会接受良好的教育。但是他凭着刻苦自学，27 岁那年取得律师资格。后来他投身政治，最终当上美国总统。他有一句名言："一味等待的人或有所得，那就是奋斗者留给他们的残羹剩饭。"这句话意味深长，只有百般努力、历尽辛酸的人才能有此感悟。

保持专注而踏实的努力，就能实现伟大的梦想——这话说来简单，但是专注而踏实的努力却是很难做到的。

那么，怎样才能做到持续的专注与努力呢？我记得稻盛先生给出过一个言简意赅的答案，那就是："靠动脑筋，钻研创新。"所谓钻研创新，就是对每天的工作加以改良和改善，日优一日，让人从中感受到改善与进步的喜悦。

比如记工作日志，今天可以在里面画一张插图，明天可以添一个记号，既能使日志的表现形式丰富多彩，又能使日志的内容一目了然。一个创意、一个奇思妙想，能让枯燥的工作也变得轻松有趣。如此持之以恒，成果自然相伴而生。

只要我们像稻盛先生那样对事业保持专注与努力，周围自然会聚集越来越多的同道，朝着同一个梦想奋进。同道之人越多，奋斗的力量就越大，创造的成果也就越大。这样一来，你也能成为稻盛和夫。

心得 28　每个细节都很重要

- 人生与工作的本质都隐藏在一个个细节中。
- 工作中的一丝关怀，往往会左右他人的心情。

轻视细节必招恶果

稻盛先生是位完美主义者，在工作中一丝不苟，从不懈怠。

这种精神从他的讲演中就可看到。通常，我们在准备同一主题的演讲时，只是翻看一下过去的演讲提纲，脑海中过一遍，就会觉得胸有成竹了。但是对演讲中每一个字、每一个词都非常讲究的稻盛先生却会从零开始，认真准备。我想，正因为如此，稻盛先生演讲的每一句话才会那么有力量，渗透到人们的心里去。

不过，稻盛先生最初也并非如此。在他刚刚从事精密陶瓷研究的松风工业时代，有过这样一个故事。

有一天，稻盛先生开展的试验没有取得预期的效果。这时，他遇到一名前辈技术员正在仔仔细细地清洗试验器具。

那名前辈先用刮片将黏附在石球上的粉末清除掉，再用海绵将石球仔细擦洗干净，然后用毛巾将石球一一擦干。见状，稻盛先生内心有点鄙夷："水冲一冲就行了，真是效率太低。"转身想要走开。

石球上有凹陷缺损，光靠水冲洗，附着的实验粉末难以清除。前辈正是看到这一点，才仔仔细细清洗石球的。

意识到这一点，稻盛先生深受震动，他为自己的轻率感到羞耻，无地自容。同时他也意识到，自己的实验屡屡受挫，原因就在于以为洗净作业与自己的研究实验无关，敷衍了事，最终混入不干净的物质。实际上，越是单纯的作业和勤杂工作，人们越是容易忽视细节，敷衍以待，殊不知这些细节的累积就会导致恶果的产生。

德国美术史学家艾比·维尔布鲁克曾说："神灵寄住在细节中。"无论是人生还是工作，其本质都在细节当中。

日常生活中的种种细节

日常生活中的种种细节，很大程度上左右着我们的一喜一忧。

比如收快递。快递小哥送货时，把货物随意扔在门口，你会怎么样？你的心情肯定不好。

本来内心充满喜悦，满心期待着货物送达的，可是随着快递小哥的随手一扔，满心的喜悦一瞬间烟消云散。

再比如飞机乘务员。他们的眼神、笑脸以及待人接物，决定着我们的空中之旅是一段愉快的回忆还是沮丧的旅程。我们当然希望飞机乘务员们能经常面带微笑，对待每一位旅客。

餐厅也是如此。餐厅装修豪华，菜品也美味可口，可是盛菜的餐碟边缘却沾着油污，你的心情会怎样？食欲肯定荡然无存，而且再也不会踏足这间餐厅了。

餐厅菜品的美味与否，其重要程度自不待言，但倘若餐座摆放不齐、器皿刀叉擦洗不净，只能说他们对细节的关注不够。

要认识到"最重要的是细节",对任何细节都不轻慢懈怠。能做到这一点,你的工作将臻于完美,那么你也能成为稻盛和夫。

心得 29　极度认真地生活

- 比认真还更上一层，"极度认真"才是稻盛哲学的精髓。
- "极度认真"地生活，则明天可见，未来可期。

"极度认真" = 稻盛的人生

"极度认真"是稻盛先生的代名词，也是我每次想到稻盛先生时第一个浮现脑海的关键词。如果有人问："稻盛先生是个什么样的人？"我会不假思索地回答道："他就是一位极度认真的人。"

那么，"极度认真"是什么意思呢？一言以概括之，就是"比认真更上一层的认真"。

"极度认真"也分 1—100 个层级。我拜稻盛先生为师，学习极度认真的生活，充其量也就到达 10，与稻盛先生的"极度认真"相比，真有云泥之差。

"每天都要'极度认真'地度过！"

在盛和塾，稻盛先生经常会提到这句话。在过去的 20 年间，这句话也经常回响在我的耳边。每次听到稻盛先生的这句话，我都痛感："同样是'极度认真'，但毕竟水平差距太大呀。"

让人意外的是，稻盛先生从未制定过详细的长期经营计划。他认为："我们连今天能否顺利如期、明天将会发生什么都不知道，那么我们怎么能预测到 10 年后的事呢？"

但是，反过来，稻盛先生为我们率先垂范，数十年如一日，"极度认真"地度过每一天。

建立明确的目标，努力地度过每一天，那么美好的明天自然清晰可见。这种努力的日积月累，5 年、10 年后就将结出丰硕的果实。因此，与其在脑海里描绘未来的宏图，不如扎扎实实、认认真真地度过每一天。

编写理想的剧本

努力地过好今天，则明天可见。极度认真地度过每一刻，则未来可期。

毋庸置疑，关键在于日复一日的积累。

人生就如一场戏，每个人都是戏中的主人公。重要的是你为自己编写了怎样的剧本。听天由命、随波逐流，这自然也是一种活法，但通过勤奋努力，按照自己的意愿来编写人生的剧本，这样的人生才更有意义。

我们完全可以在自己编写的理想剧本里，扮演一个理想的主人公。一个岁月虚度、漫无目的的人生，和一个珍惜时光、信念坚定的人生，其剧本的内容可谓天差地别。

稻盛先生从不染指赛马、赛车、赛艇等赌博活动，这并不是说稻盛先生是圣人君子。也许对于稻盛先生本人来说，他每天的每时每刻都在赌上自己的人生，与时间赛跑，哪还会有闲工夫去与赌博决一胜负呢？

天地赋予我们生命，社会赋予我们事业，我们该怎样让它们升华呢？如果我们还有更高的目标，那我们就必须极度认真地度过每一天。

"我的人生剧本由我来写！"

我们要拿出这种舍我其谁的气概，极度认真地珍惜生命中的每一刻。能做到这些，那么你也能成为稻盛和夫。

心得 30　独辟蹊径

- 相信自己具备战胜困难的能力，独辟蹊径。
- 将既有的模式进行 180 度大转变，这种思维往往孕育着巨大成功。

不走平坦大道，选择有青蛙和蛇出没的田间小道

曾经何时，商界流行一种叫作"蓝海战略"的经营战略。这种战略倡导的理论是，与其在竞争激烈、血雨腥风的商战中执行红海战略，还不如推行没有竞争、市场唯我的蓝海战略。

但这是一条前人未至的路径，有无市场、能否成功，谁也不敢保证。在风险投资领域中，选择这条前人未至的路径是很重要的。

其实，在蓝海战略还未问世之前，稻盛先生和京瓷公司走的正是这条前人未至的道路。稻盛先生所选择的道路正是蓝海战略所倡导的理论核心，京瓷公司所织就的历史正是一段独辟蹊径、成大道的历史。他们栉风沐雨，不畏艰险，坚信自己的力量，一直走到今天。即便稻盛先生成为一名伟大的经营者，京瓷公司成为一家国际大企业，他们仍然在开辟前人未至的道路。

稻盛先生曾这样回顾自己走过的路："我所走过的路是一条充满泥泞的田间小道。稍不留神就可能滑落到水田里，有时还会突然遇到青蛙和蛇，让人胆战心惊，但我还是一步一步地朝前走。转身一看，旁边有一条平整的大道，那里车水马龙，人流如潮。走那条路会很轻松，但我不会选择那条路。很多人都在走的路，那里必定一无所有。反过来，这条泥泞的田间小道，你可能会遭遇到青蛙和蛇，但你也会有新的发现，会更刺激。

尽管会满脚泥泞，但我还是要走这条路。"

180 度改变既有形象而取得成功的大户屋

讲到这里，我来介绍一个案例。主角是我的朋友，他经营一家定食（套餐）店——大户屋，他走过一段不寻常的路而取得成功。这还是 20 年前的一段往事。

有一天我们两人在一起闲谈，他突然提出："我要是做一家容易吸引女性顾客就餐的定食店，一定会红火。"

当时的定食店，即便味道不错，但餐桌上的酱油瓶破损或油污，椅子固定不可挪动，给人的印象就是既不卫生，又不舒服。

因此他决定把店面的形象做 180 度大改变，吸引女性顾客进店消费。"我们打造一家像麦当劳、大汉堡那样的定食店，价格不要太高，食品也要健康美味。"

我们你一言我一语，拟订好方案之后，最终决定在吉祥寺改装第一家店铺，店铺清新整洁，适宜女性顾客进店就餐。这就是大户屋的原型。

店铺开张后，不仅女性顾客络绎不绝，就连注重健康饮食的男性顾客也纷至沓来。公司因此繁荣兴旺，后来实现股票上市。今天，大户屋以泰国、印度尼西亚、中国台湾等亚洲国家和地区为中心，还推广到纽约，已成长为一家世界性的大企业。

　　这是基于"便于女性顾客进店就餐"的理念，对传统的定食店形象进行革新的一条新路，而这正是走向成功的巨大契机。

　　独辟蹊径，这是你做到像稻盛先生那样成功的重要因素。

第四章　培养在逆境中奋进的力量

心得 31　无论顺境逆境都同样接受

- 区分顺境逆境，为此一喜一忧，你将一事无成。

- 无论身处逆境顺境，都要抛开私心杂念，全身心专注于该干的工作。

逆境是考验，顺境也是考验

某厂家 A 赌上全部身家，开发出了一种非常好的产品。该产品被某名人偶然购得，用后很中意，于是就在自己的博客做了推荐。结果该产品一夜成为爆款，供不应求。

另一厂家 B 也开发出一款非常好的产品。但是，海外某厂家曾因生产同类产品造成人身伤害事故，引发全社会批评，结果尽管 B 厂家产品本身没有任何缺陷，但市场冷淡，零售商拒绝代理销售。

如果要问 A 厂家、B 厂家谁的处境好，毋庸置疑人们会回答是 A 厂家。通常而言，人们总会愿意身处顺境，而尽量避免置身逆境。

但是稻盛先生却是这样想的。他认为，A 厂家和 B 厂家实际上并无不同。

"逆境是考验，顺境也是考验。"

有"经营之神"之称的松下幸之助也曾这样说过："如遇苦难那也不错，如处顺境那就更好。"

很多人将他们的话理解为"顺境有风险，逆境存机会"，但我认为他们二人的话中有深意存焉。"逆境也好，顺境也罢，纠结于自己的处境，毫无意义。"我觉得深意就在于此。

排除一切杂念

逆境之中当然也伴有机会，但顺境之中也会好事多磨，疏忽、傲慢、竞争对手的中伤、竞争的激化等，各种风险因素如影随形。一着不慎则可能导致满盘皆输，甚至攸关公司的生死存亡。因此，无论身处逆境还是顺境，你都面临同样的考验。

当然，逆境之中的考验，是要挽回败局的脱困之战，可谓更艰巨，所以心情沉重。因此一般人都希望尽力避免身处逆境，但是从解决问题本质来看，所谓心情沉重不过是杂念。也就是说，这种杂念本身就是危险。这也是他们二人的言下之意吧。

请读者摒除杂念，将逆境与顺境的考验比较一下看看吧。

假如身处逆境，那么你要解决的问题都已经暴露得清晰无遗。你手中的武器、可选择的办法都不会太多，因此你完全可以将所有的力量集中于"我现在能做的事情"。接下来，你只需要有颗坚忍不拔的心，不将问题一一解决誓不罢休。

也就是说，换一个角度来看，逆境之中的考验其实是好条件，因为上天给了你启示，只需集中精力去做就行了。

稻盛先生年轻时觉得自己所在的公司毫无价值，希望挂冠而去。可是他却陷入想辞职却不能辞职的困境之中。为了让自己从现实的苦闷之中解脱出来，他把自己全身心都投入到研究中去。其结果就是将一切杂念抛诸脑后。

于是，研究成果一个接一个涌现出来，稻盛先生的人生观、哲学观也在这一段时间里逐步形成，为后来翱翔奠定了基础。

身处逆境，人们会觉得很难受。感觉难受，就会想到逃离，但是逃离解决不了问题。身处顺境也是如此。如果被喜悦的杂念所缠绕，人就会漂浮而失去立足之处。

摒除杂念，顺境时沉着冷静，逆境更能沉下腰身，那么无论深处何种境地，你都能保持平常心，从容应对。

能对自己的处境保持如此认识，那么你也能成为稻盛和夫。

心得 32　把考验当作上帝馈赠的礼物

- 考验无人可避，它会公平地造访每一个人。
- 即便痛苦挣扎，也要接受考验，不容推诿。

考验会公平地造访每一个人

稻盛先生说："逆境是考验，顺境也是考验。"我认为这是因为他曾深刻体会到跌倒于顺境中的考验是何等可怕。

稻盛先生年少时曾连续两次参加小升初的考试，均遭失败。据说当时顺利考上那所中学的年级同学曾遭到稻盛和夫嫉恨的瞪眼（稻盛先生本人不记得了……）。但是这位令人羡慕的同学的人生是否顺风满帆呢？其实也不然。他后来由于遭遇战争中的不幸而自甘堕落，误入歧途。

幸好这位同学本性善良，他痛改前非，东山再起。在一次同学会上稻盛先生遇到了他，听到他的人生经历，深有感触，叹道："孩提时代的小小成功，竟让他的人生脱轨翻车！"

考验平等地造访了考试失败的稻盛先生和考试成功的年级同学。可以说，考验就是上天拿来测试每一个人的，只有通过考验的人才能步入正确的人生。测试人、锻炼人，这就是考验。

我的身边，有不少人未能觉察到所谓的"成功"正是上天施与他们的考验，从而耽误了自己的人生。实际上，更多的人不是输给逆境的考验，而是在顺境中跌倒，一蹶不振。

既然上天的意志难以揣测，那还不如做到身处顺境而不骄，置身逆境也不馁，将顺境逆境都视作考验，虚心接受，并用它来磨砺自己，那么你的人生必将迎来光明坦途。

自己的考验自己承担

不过，尽管明知"凡事均是考验"，但要做到虚心接受并用它来磨砺自己却很难。如果把考验单纯视作"需要解决的问题"，那么我们总能找到解决问题的捷径或后门。抗拒诱惑，选择最为正确的道路——大抵都是最为艰难崎岖的道路，这种勇气与毅力非常人所能及。能够无视眼前的捷径，一心只走人间正道，能做到这一点就更像稻盛先生了。

1985 年京瓷发生了非法销售人造骨的事件，稻盛先生在事件处理中所体现的风骨，体现出不同凡响的大格局。

所谓非法销售，其实是将只被许可使用于某部位的人造骨用于未被许可的其他部位，在今天看来只是行政许可手续不完备的问题，但在当时媒体聚焦于"不被许可"这一点，京瓷面临着巨大压力。

这时，稻盛先生站了出来，面对全社会的批评，他没有推诿，而是承担责任，公开道歉。为了挽回公司的信誉，稻盛先生再次站到了第一线。

"这都是销售部门擅自越权造成的。""这是法务部门的责任，误解了行政许可。"

他本可以追究相关部门的责任，让它们去承担压力，开展善后处理。但是稻盛先生没有这样做，"公司发生丑闻，责任全在我一人身上"。这种勇于担责的精神令人敬佩。

　　这次事件对稻盛先生来说也非常棘手，他曾求教于圆福寺的西片担雪老师，获得新的启示。这一切都是业，恶因带来恶果，结果出则原因除。

　　希望你鼓起勇气，直面考验。那样你将得到锻炼，也能成为稻盛和夫。

心得 33　将极限转化为能量

- 在极限状态下，人才会产生预想不到的灵感。
- 把自己逼入绝境，才能心无旁骛，一心向前。

没有退路，才会激发动力

身处逆境，意味着无论是物质方面，还是精神方面你都处于极限的状态之下。这种无路可退的困境，正是让我们感到逆境艰难的原因。

但是，如果我们换一种思维方式，"其实这种极限状态可以转化成无限的能量"，那会怎么样呢？你一定会变得乐观而积极："好呀，来吧，极限挑战！"

稻盛先生在陶瓷领域开发出了许多新技术、新材料。据他本人说，这些创意和灵感都是在把自己逼入绝境、处于极限状态下，从而研究开发出来的。

为什么这么说呢？这是因为人处在没有退路的极限状态时，往往能够激发出超强动力，这时周边的一切都已隐形，所有的精神与意识都集中于一件事，全神贯注，心无旁骛。人一旦全神贯注于自己的工作，灵感就会迸发，甚至平时想象不到的物理力量也能发挥出来。稻盛先生就是这样想的。

诺贝尔物理学奖获得者汤川秀树的介子理论，据说其灵感就来自梦中。当时，汤川先生的研究正处于胶着状态，构成理论基础的灵感已经有了，但是运算时却总是达不到理想的状态。由于迟迟拿不出研究成果，汤川先生受到上司的严厉批评，他必须尽快完成论文。

就是在这种极限状态下，汤川先生日思夜想，探究理论的漏洞，终于在某个夜晚，一个重量大的粒子在中子与质子之间循环往返的灵感托梦而来，不期而至。介子理论由此产生。

灵感与自负

说这是诺贝尔定理可能还言过其实，但是在读者当中估计不少人有过这种极限状态下灵感迸发的体验。

稻盛先生曾经断言："有人说没有足够的时间就想不出好点子。可这种点子不过是一种简单的想法，单凭这个是干不好工作的。"这句话源自他从极限状态下获得众多灵感之后的经验之谈。

极限状态除了孕育灵感之外，还会带来另外一种东西，那就是"我已竭尽全力"后的自负。稻盛先生说，人一旦有了这种自负，就会有"尽人事，听天命"的心境。也就是说，竭尽全力之后，人能获得内心的安宁。把自己逼到极限状态，直至内心产生积极的、可以安身立命的境界为止。这才是稻盛先生的真意所在吧。

因此，稻盛先生极为重视有言必行，言必有责。通过责任感来约束自己，事情不完结，绝不放松自己。

好的灵感、真正的自负，只有在极限状态下才能获得。因此我们要把自己逼入极限状态，那里蕴藏着稻盛先生成功的秘诀。

　　许多人认为，负面状态下的人只能得到负面的东西。但稻盛先生却从中找到积极的一面，将其转换成走向成功的正能量。因此不论自己身处何种境地，要善于从中发现积极的一面，将其转换成奋进的动能，那么你也能变成稻盛和夫。

心得 34　不让烦恼伤害自己的内心

- 有烦恼很正常，但不能让烦恼伤害自己。

- 正因为有烦恼，我们才会殚精竭虑，寻找合理而彻底的解决良策。

烦恼要有度

对于稻盛先生来说，他所有的行为都是为着一个目的，那就是"为了大家的幸福"。为此他时常用如下的"六项精进"来激励自己，劝谕周围人。

1. 付出不亚于任何人的努力；

2. 谦虚戒骄；

3. 天天反省；

4. 活着，就要感谢；

5. 积善行、思利他；

6. 不要有感性的烦恼。

一个人在遭遇失败或挫折、身处逆境时，最难做到的大概就是第六项"不要有感性的烦恼"吧。这是因为当你觉得自己"艰苦""难以忍受"时，这正证明你的烦恼已经偏向感性。

我们所置身的环境负面因素数不胜数，产生烦恼可谓理所当然。能做到毫无烦恼的人，无外乎两种。一种是开悟得道的圣人，一种是不谙世事的傻瓜（这种人自己不烦恼，却把烦恼带给大家）。

稻盛先生并非告诫大家不要烦恼，他只是告诫人们"失败也好，痛苦也罢，没有必要让自己无休止地处于烦恼与后悔之中"。

在烦恼中加入合理性

感性的烦恼会伤害自己的内心。比如，有的人遭遇失败后会一蹶不振，要么怨天尤人，东不成西不就，要么失去信心，担心再遭失败而失去挑战的勇气。

这种烦恼都会伴随着内心的痛苦。换句话说，这种烦恼就是带有感性的烦恼。据说，心痛如同身体的疼痛一样，都会被大脑所感知。如果这种痛苦不断重复，轻者会令人萎靡不振，重者会让人寻死轻生。

有一颗强大而健康的内心，是解决烦恼的关键。因烦恼而伤内心，这才是本末倒置。已经发生的事情已无可挽回，苦恼也于事无补。

因此，不要为后悔、失败、不安而烦恼不休。重要的是要冷静下来，理性思考，找到解决问题的方法，从而走出一条新路来。这才是稻盛先生劝谕的真谛。

稻盛先生在谈及人生哲学时形而上者居多，但在论及企业经营时，他则是一名彻底的合理主义者。

"企业活动的所有问题都应是合理的、可以证明的。如果有不能被科学所论证的、云山雾罩的东西，那企业的经营就很麻烦了。"

凡事都要这样科学地思考，理性地分析和论证。对于稻盛先生来说，烦恼必须是建立在合理的基础之上的。

　　因此，如果你也能站在科学的视野之上，理性地烦恼，那么你就离稻盛和夫更近一步了。

心得 35　转换心情，带着希望入睡

- 为过去的事耿耿于怀，于事无补。重要的是转换心情。

- 把一切抛诸脑后，想着快乐的事情入睡。

杯子碎了，那就扔掉

逆境之中，各种负面因素纠缠在一起，往往让人厘不清头绪。夜晚，躺在床上，万千思绪涌上心头。

"跟那个客户的关系难以维持，怎么办？""这项产品的开发还看不出眉目，怎么办？"——每个问题都是难以跨越的障碍，一旦浮现在脑海中，就再也拂拭不去。

如此一来，睡意全无，彻夜难眠，直至第二天早晨。

我相信很多人都有过这样的经历，但是事情既已发生，问题既已出现，夜晚辗转反侧、思虑再三也无济于事。反而会因睡眠不足，精神萎靡，贻误解决问题的时机。

稻盛先生家乡的英雄西乡隆盛在他的著作《南洲翁遗训》中曾留下这样一段话：

"改过时，知己之误，即善也。其事可弃而不顾，即踏一步。思悔过，患得失，欲补缮，同碎茶碗集其片者，于事无补也。"

重要的是，摔碎的茶杯既已碎成破片，那就将它们清扫干净。转换心情，明天还有明天的事情等着我们去思考。

想着心爱的女人入睡……

那么，我们怎样才能忘却烦恼，安然入睡呢？稻盛先生告诉我们，睡前只要想着好事、想着快乐的事就行。

"睡前要让各种具体而鲜明的、快乐的事情填满脑海。"

这是中村天风在《成功的实现》中的一句话，稻盛先生常常引用。那么，"什么是快乐的事情"呢？我认为，如果你正身处逆境，那么最快乐的事莫过于坚信自己明天一定能做到的信心与希望。坚信明日的成功，带着希望入睡，你就能得到一份安心的睡眠和从头再来的活力。

但是，也许有人会说，这样做，脑海里只会浮现各种难题，却总也想不起快乐的事，我该怎么办呢？对于这个问题，我记得稻盛先生是这么回答的：

"那你就想着你心爱的女人吧。"

这句话的重点是"心爱的"。心爱是一种不需要理由的情感。我们无法入睡原本就是左一条、右一条的原因而纠结于怀，思虑太多所致。如果能把思绪与情感寄托到自己的心爱之物，即便不是女人，我们也能转换一种心情，从死胡同中走出来。

稻盛先生的这个回答，在塾生之间引起热议。有人开玩笑说："哎，我家有贤妻……这样合适吗？"其实，这只是稻盛先生举的一个例子，目的在于让身处逆境的塾生能够尽快转换心情，获得挑战明日的动力。

任何人都会经历思虑过多、彻夜难眠的日子。尤其是身负企业生死存亡之重任的企业经营者更是如此，他的任何一项决策都必须是深思熟虑后才能做出的。因此，如何能转换心情，这种技巧是很重要的。

今天的事情今日毕，明天的事情明日做。当你躺在床上，你该做的就是充分的睡眠，为明天积蓄活力。

如果有人问："我从不在被窝里烦恼，就能成为稻盛和夫吗？"我的回答是"不可能"。但如果能做到这一点，至少表明你拥有一个想当像稻盛和夫那样的人的愿望和梦想，不会被那些无聊的精神压力所击败。

心得 36　养成不断自我反省的习惯

- 反省自己的行为是否正确，反省自己的判断是否利他。

- 养成反省的习惯，就能让我们的感觉更加敏锐，判断更加准确。

反省是一种修行

商业世界是一个竞争激烈的社会，胜者生存，败者被市场淘汰。这种优胜劣汰的残酷法则，对于我们企业经营者而言是灵魂的考验。

人们常说企业经营是为了大家的幸福，但是在市场竞争中，胜者生存，而败者由此可能毁灭自己的人生，这不是矛盾吗？内心的折磨也由此产生。

对此，稻盛先生为我们准备了答案。他说："你的行为是否有益于社会，你的判断是否秉持了利他之心，这是检验你的行为与判断对错与否的标准。"可悲的是，很多人也许明白这个道理，却很难像稻盛先生那样落实于经营之中。

在这里，重要的是反省。反躬自省，将自己该干的事情铭刻在心底。反省并不是单纯地"找出自己哪些事情没做到"，这种层次还太低级。稻盛先生倡导的反省是要逐一检视自己的生存方式是否正确，判断事物是否秉持了利他之心。这更像是一名宗教家的修行。

稻盛先生就是这样，在每日结束之际对自己一天的所思、所言、所行反躬自省。这正是不成熟的我还需要好好学习的地方。

贵在坚持，持之以恒

遵从稻盛先生的教诲，我也开始了每天的反省。但最初的反省都很幼稚，都是些自问自答式的反思，但凡事贵在坚持，坚持就是力量。

我在将稻盛先生的教诲付诸实践时，深刻感受到仅做表皮式的模仿是不行的，要做到像稻盛先生那样反省，必须知其本质，学习其本质。

此外，还有就是要将反省习惯化。在前文"心得 34"的六项精进中，我也介绍过，"每天"的反省是非常重要的。

即便是肤浅的反省，但每日从不懈怠，终有一天能极度认真地检视自己的判断与是非，而自己的感觉也会得到磨砺，逐渐变得敏锐起来。某一天，当你面临新的选择时，你会瞬时做出反应，毫不犹豫地做出正确的决定。

这并不是单纯因为"经验增加，准确率提高了"，而是由于通过日日的反省，心性得到磨砺，判断的基准已经渗透到潜意识当中，每临大事就能做出近乎本能的反应。仅凭经验的积累是达不到这种境界的。只有不断地反省自己，才能获得这种能力。

何谓以利他之心来判断是非呢？那就是像稻盛先生那样，知其本质，付诸实践。并且相信反省的意义，将反省当作日常的习惯，持之以恒。

稻盛先生的故乡鹿儿岛流传着一首民谣《岛津日新公》，其中有一段这样的歌词：

"不自卑不懈怠，多努力多勤奋，集微尘终成山。"

希望读者在日常的工作与经营当中也能保持这种姿态，日日反躬自省，磨砺心性，这样你也能变成稻盛和夫。

心得 37　乐观思考、悲观计划、乐观实行

- 切换成"加油干！"的工作模式，哪怕没有依据、不负责任。
- 根据进展，能在乐观思考与悲观思考之间适时转换者最佳。

马屁精也有马屁精的作用

"事业的起步阶段，先要招一批阿谀奉承的马屁精来。就是那种他不知道你要干的是什么，但却能把你吹得天花乱坠的人。"

听到稻盛先生这番幽默十足的话，很多人都会目瞪口呆，不敢相信自己的耳朵。因为大家知道"老好人、马屁精是经营的天敌"，稻盛先生的话太有悖常识了。

但是，其实稻盛先生的这句话实有深意存焉。

事业初创阶段，最费劳力的是什么？制订计划、筹措资金、确保人才、精选市场、推销产品……这些都会一一浮现你的脑海，但实际上最费劳力的是抬起屁股，撸起袖子："好吧，加油干！"

人有一种安于现状的惰性，当你要开始一项新事业时，总是起步维艰。如果身处逆境，则更加艰难。

在"心得 31"中，我说过当你觉得自己处在逆境中时，感觉会更加艰难，这是人的正常反应，难以避免。但是一名成功的经营者必须不畏艰难，逆势而上，以坚强的意志克制大脑的惰性，将自己从"耽于安逸"切换到"勇于进取"的工作模式。

要做到这一点实属不易，因为大脑会为你搜集各种"不可能"的理由，为你铺垫失败的借口，让你从艰辛的工作中逃离出来。

这时候，就需要马屁精们登场了。

"这项计划太好了。我们干吧！"

马屁精们的奉承会推着你抬起屁股。

"社长你那么说，那就一定能实现。"

一些别人看来不大可能实现的目标，由于马屁精们这种莫名其妙的乐观思维，会堵住你的退路，逼迫着你向前走。这就是所谓的乐观思考。

乐观与悲观的切换

但是，马屁精的作用也就是在初始阶段创造气氛，一旦进入实际计划当中，则需要重用那些当初提出种种悲观意见的人。

这种人看事悲观，项目进展当中可能遇到的负面因素，他们能举不胜举。如果在计划的制订阶段就能将这些负面因素消灭于无形，那么在计划的实施阶段就能大大减少障碍。这就是悲观计划的意思。

然后在实施之际，则又要换回乐观的人。

计划无论制定得如何周密，一旦付诸实施，仍会有困难相伴，而逆境中的苦难则更是倍增。这时我们需要那些乐观的人。他们以为天下无难事，有着天生的热情与信心，坚信自己能做到。有一批这样乐观的人在，没有不成功的道理。不，他们会一直干下去，直到取得成功。这就是所谓的乐观行动的意思。

这是团队工作时的三个阶段，个人处于逆境时也是如此。首先要下定决心："好吧！看我的！"这时需要乐观思考。

在计划阶段，要把所有负面因素列举出来。这是悲观思考。

计划实施以后，就要无视困难，心无旁骛，一往无前。这就需要乐观思考。

三得利的创业者鸟井信治郎有句口头禅："加油干吧！"他制订计划时周密细致，付诸实施时积极乐观。他凭着这种经营的灵活性将三得利发展成大企业。

在事业的各个阶段，适时切换自己的乐观与悲观的思考模式。如能在乐观与悲观之间自由切换，你也能成为稻盛和夫。

心得 38 不达成功，决不放弃

- 只要不放弃，成功的机会总是存在的。

- 从容应对，持续挑战。

不放弃 = 机会

"不达成功，决不放弃。"

这句话说起来容易，但是真正能够持续做到这一点的人却很少，稻盛和夫是能做到这一点的人其中之一。从创办京瓷公司，到兴办 DDI（现 KDDI），再到重建日航，稻盛先生将"不达成功，决不放弃"的精神贯彻始终，并将其视为自己的经营哲学。

"世间所谓的失败，其原因可谓千千万万，但大多是没能坚持到成功，就打了退堂鼓。"这是松下幸之助先生的讲话，其主旨与稻盛先生的主张异曲同工。

稻盛先生在讲述自己的这套哲学时，经常引用一个在电视上看到的非洲某部落狩猎的故事。

这个狩猎民族在捕获到猎物之前始终在行动，从不停止。他们仔细观察周围的环境，追踪猎物的痕迹，一旦发现猎物便紧追不舍，直至最终将猎物捕获到手。

他们没有"放弃"的余地。一旦放弃，没有捕获到猎物，全家就将饿死。放弃就意味着无可挽救的失败。但是，不放弃就意味着成功的机会仍然存在。

在成功之前决不放弃，这需要坚定的信念与执着的精神。这是稻盛先生从自己的亲身经历中总结出来的真理，凭着这种精神，稻盛先生为社会做出了巨大的贡献。

有条不紊地把该做的事都搞定

在这里需要注意的是，"不放弃"并不意味着单纯的持续。光凭一股子热情是不可能取得成功的。

"做生意就要成交。成交才是真正做生意。"

这也是松下幸之助的名言。那么，假如生意始终不能成交，实现不了一笔真正的买卖，那是什么原因呢？

按照松下的观点，其原因在于经营的方式出了问题。

不是时代不好，也不是经济不景气，更不是客户不好。一切都是经营不善、经营者做法不得当所致。这就是松下的观点。

换句话说，具备成功所需要的条件，这是经营者肩负的重大责任。做不到这一点，"不放弃"就没有意义。

以前面谈到的狩猎为例来说明，原住民并不是盲目地行动。他们要了解猎物的习性，熟悉捕猎地的地形，还要确保狩猎活动中的饮食，只有掌握了这些信息和技巧，满足了取得成功的必备条件之后才会开始狩猎。

那么，对于稻盛先生而言，成功的条件是什么呢？那就是有条不紊地把该做的事——本书在前面列举的各个项目——做到，如此则成功水到渠成。

比如，建立并保持明确的目标，不断在心中描绘愿景，找到切实通往成功的路径，或者在土俵的中央与对手决出胜负；开展有富余的经营，不回避风险，并且将风险排除在外。

　　《孙子兵法》有云："胜兵先胜而后求战。"说的是在交战之前，首先要创造必胜的条件。先将该办的事有条不紊地做好，不达成功决不停步。做到这一点，你就打开了成为稻盛和夫的成功之路。

心得 39　持续付出不亚于任何人的努力

- 真正意义上的持续努力，绝非肤浅的浅尝辄止。
- 率先做出努力的示范，周围必定起变化。

每年 6000 小时的努力

在盛和塾，有一个塾生提问、稻盛先生给予建议的"答问"
环节。在这"一问一答"中，有一句话是稻盛先生经常提到的。

"关于你的 ×× 问题，请付出不亚于任何人的努力吧。"

这个"××"中会加入各种各样的建议，但在企业经营当
中要付出不亚于任何人的努力，这句话可谓放之四海而皆准。

虽然同样是"不亚于任何人的努力"，但是我觉得我们与稻
盛先生之间的差距实在是太大了。就让我们用时间来测算一下
稻盛先生自京瓷公司创业以来的 20 年间的努力吧。

按照稻盛先生当时的讲述，每天的睡眠只有三四个小时，
节假日无休，新年也只休息半天。按此计算，稻盛先生一年大
约有 6000 个小时用在企业经营上。即使身体欠安，打着点滴也
仍在工作。这种努力持续了 20 余年。

今天，稻盛先生虽然已经退出经营第一线，但是仍在对继
任者提供咨询，悉心培养经营人才。他还曾出家修行，努力的
程度也非常高。

想到这些，我不禁对稻盛先生践行"付出不亚于任何人的
努力"，率先垂范，深感敬佩。他所达到的高度，我只能望其
项背，深感惭愧。

只有经营者努力工作，员工才会主动努力工作

稻盛先生倡导"付出不亚于任何人的努力"，同时，他也指出这仅限于应该付出努力的经营者、管理者，而不应推而广之，强制其他人。

以前，有一位塾生这样问稻盛先生：

"我跟员工们反复宣讲，只要大家团结一心，共同努力，就能创造物质与精神的双丰收，但是很难得到他们的理解。"

对此，稻盛先生答道："你的想法从根本上就错了。付出不亚于任何人的努力，这是身为经营者必须承担的责任，而员工不需要。"

经营者要付出不亚于任何人的努力，这是理所当然的。一味要求员工们拼命努力，经营者自己却整天陪着客户打高尔夫，员工自然提不起干劲儿来。

另一方面，如果经营者强求员工与自己付出同样的努力，有时可能会产生劳资纠纷。从员工的角度看来，自己与经营者是基于劳动合同的雇佣关系，按照"劳动三法"来开展自己的工作，并无过错。

但是，问题就在这里。在小规模企业里，如果大家都只在法定时间内劳动，那么工作就会积压，企业无法顺利运转，这也是不可避免的事实。因此，在这里，"付出不亚于任何人的努力"还有另一层意思。

企业经营者、管理层比如部长、科长以及读者您，如果每天都克己勤勉，付出不亚于任何人的努力，那么你付出的努力员工们自然会看在心里。

"他那么努力，我就加个班，帮帮他吧。"

这种出于自愿的员工有了第一个，就会出现第二个，最终会越来越多。正是你付出的努力，感动了身边的员工。这种努力，作为一名经营者是必须做到的。在京瓷公司创业之初，员工们的劳动时间相当长，但这都是员工们看到稻盛先生付出的努力后自发形成的，谁也不觉得自己是被强制加班的。

如果你付出的努力能带动身边的人，那么你所处的企业就一定能蓬勃发展，你也一定能成为稻盛和夫。

心得 40　从眼下的工作中找到价值

- 人最大的痛苦和悲惨莫过于辛苦劳动，却感受不到丝毫的荣耀。

- 明确工作之于社会的价值，这将提升劳动者的荣誉感。

3K 企业的苦恼

在这里，我提一个问题。对于我们劳动者来说，什么是最严酷的环境？

这是一个没有标准答案的问题。低报酬、长时间劳动、各种职场骚扰、劳动条件严苛等，各种答案不胜枚举。不过，我认为答案中，应该有如下这一条。

"从工作中看不到任何价值，毫无荣耀感地重复劳动。"

这是我从盛和塾的一次问答中学到的。

这一天，提问者是一位从事油漆喷涂的企业经营者，他倾诉了自己的苦恼。

他的公司是一家不起眼的油漆喷涂公司，企业形象不佳，招不到人。即便是招来了人，干个几年就被其他行业高薪挖走，辛苦培养的人才也飞了。我也会跟招来的人描绘理想："自己是粉装高楼大厦的艺术家。"但是近来工作量减少，自己也不得不更现实一点，只顾赚钱了。但是，他还是不甘心。他希望员工们对自己的 3K（日语发音中"脏污""严酷""危险"三个单词都是 K 字开头）工作感到自豪，纠正社会对这个行业的偏见。

对此，稻盛先生首先指出的是：你本人的自豪感在哪儿？

"你自己都觉得自己是家不起眼的小企业，现在只能顾着赚钱了，那还谈什么梦想？你那种觉得自己悲惨的想法，会扼杀你的任何雄心。"

创造大义名分

稻盛先生接着指出，光说一些漂亮话是不可能培养出对工作的自豪感的。

在自诩高楼大厦的艺术家之前，首先要知道油漆喷涂是为了防止锈蚀，实际上是在守护社会的基础。把公司存在的这一层意义与价值说清楚，员工们就能从自己的工作中找到自豪感。而员工一旦了解到自己的工作为社会带来的价值，那么无论工作多么脏污、作业环境如何危险，他都会感到荣耀，鼓起干劲。

为此，经营者应当把公司与事业的社会意义，亦即真正的价值形成文字，反复灌输，直至渗透到员工的心底。稻盛先生将此解释为"有大义名分"。当然，从事如此有意义的工作，就要支付相应的报酬，为了保持作业场地内外的美观，还要为员工制作漂亮的工装，通过这些举措来提高员工的荣誉感。不过，话说回来，如果经营者自己都不能为自己的事业感到自豪，那一切就无从谈起。

听了稻盛先生的回答，我觉得稻盛先生给出的建议不仅解除了经营者或员工的不满，而且经营者与员工应该为自己的工作感到自豪，那么对于公司的评价就会提高，由此就能创造更高的价值。社会对于行业的评价提高之后，员工的小荣耀就能变成大自豪，随即又能创造出更高的价值。这就是企业发展的良性循环。

当时，稻盛先生还这样补充道：

"我创办的公司不过就是一家陶瓷店，是一个充满粉尘与泥土的 3K 公司。但是如果我像你那样，自卑地觉得是一家'不起眼的小陶瓷店'，那就没有今天的京瓷了。"

当时提问的这家油漆喷涂公司的经营者听了稻盛先生的建议后，深受启发和鼓舞，后来公司也有了很大的发展。

从你今天所从事的工作中找到价值，感到荣耀，这是非常重要的。能做到这一点，你也能成为稻盛和夫。

逆境是创新的宝库

稻盛先生创办京瓷之初，公司存在的价值就是稻盛先生所拥有的技术与研究能力。一旦研究失败或生产不出新产品，公司就不再有明天。

正是在这种极限的窘境之中，活力与灵感得到激发，成为孕育独创性的源泉。创新为京瓷注入源源不断的新价值。

将背水一战的极限状况作为创新种子而发展起来的企业比比皆是。比如，稻盛先生经常提到的美国3M公司就是一个很好的例子。3M公司是在经营者遭遇欺诈后发展起来的。当时，3M的经营者被朋友欺骗，投入巨资买下一座矿山，谁知买来的却是一座没有什么价值的荒山。

但他没有气馁，而是想到要从这座山上找到什么有价值的东西。他首先发现大量废弃的、看似没有任何价值的石英石。经过反复试验后，他发现将石英石碾碎涂到纸上，就能取代锉刀，这就是砂纸的发明。

接着，他们又在对砂纸使用的黏结剂的研究中，开发出便笺纸，然后又研究开发出胶带、记录音视频的磁带等。

正是身处极限状态下才能产生求变、求新之心。所有发展起来的企业，它们一开始都没有什么特别的技术，只是在极限状态下的求变、求新，才能为公司源源不断地注入新价值。

第五章 抓住人心的领导力

心得 41　以德行规范组织

- 小企业要实现人的效益最大化，办法只有一个：让员工敬服经营者。

- 将利他心运用于组织运营，以道德作为事物的判断标准。

人这种资源具有无限的可能性

英国经济学家本罗斯说，企业的成长原本没有天花板，阻碍企业成长的往往是人、财、物、信息等经营资源的缺乏或效率的低下。

我本人也身处企业经营第一线，依我所见，没有哪家企业能充分掌有人、财、物、信息等资源。唯有一点，那就是即便质与量不充分，只要你运用得当，价值也能实现最大化。这就是人力资源。

人具有无限的可能性。因此，如何开展人才培训以挖掘员工的潜力，如何提高统率力以凝聚人心，这是企业的永恒课题。每一个企业的经营者都要求具备相应的领导力。

稻盛先生在创业之初依靠的就是人所具有的无限潜力。那时资金匮乏，技术不成熟，企业该依靠什么发展呢？经过反复思考之后，稻盛先生得出一个结论，那就是依靠那些共同努力的员工。

即便公司不具备优秀人才，只要经营者与员工上下同心，一起奋斗，那就一定能创造出极高的价值，不输给那些人才云集的大企业。相互信赖则无坚不摧。

稻盛先生在经营实践中意识到了这一点，因此，他有这样一条经营理念："经营要以心为本。"

那么怎样才能做到心心相通呢？稻盛先生这样说道："要

让你的员工敬佩你，只有让他们觉得自己的老板真是了不起才行。"付较低的工资，让员工干更多的活儿，这可能是许多企业经营者的内心希望，那就更应该让员工打心眼里敬佩你才行。

以利他为规范，以道德为基准

那么，怎样才能让员工敬佩你呢？

关键词就是利他之心。就企业经营者而言，他所追求的不是"只要自己好就行"，而是要朝着"追求所有员工物心两面的幸福"的目标奋进。公司总经理等领导以利他之心来规范自己的行为，员工自然也会向你看齐。员工开始也许会有点怀疑，但是当他看到总经理等领导始终秉持利他之心投入工作，内心自然会被感化，用不了多久就会对你敬佩有加。

另外，总经理等领导还要修心养德，不断提高自己的德行。所谓"德"，是指"保持良善的品性"。更简单地说，就是幼时父母给我们的教诲，比如不可撒谎、不给他人添麻烦、不贪婪、体恤他人、素直、诚实、谦虚、正直、感恩……凡事以此作为自己的判断标准，那么事情就会向对自己好、大家都好的方向发展。

写到这里，估计很多人会产生疑虑："上班又不是开道德课，这种所谓的领导力才是假的呢！吸引员工的不是上司的能干和才华吗？"

的确，能干与才华都很重要，这会产生更多的利益。但员工是否会因此而打心底里敬佩你呢？未必。他也许会为你点赞，但你们还没有心心相通。

对一个企业或机构来说，心心相通至关重要。总经理等公司领导需要才能，更需要德行。稻盛先生就是选择了扎根于德行的经营，并在经营中不断磨砺和提高自己的心性。其结果是，稻盛先生的身边会集了大量的人才，也建立了世间鲜有的牢固组织。所以，我也希望你秉持高尚的利他之心，以道德为基准开展经营。能做到这一点，那么你一定能成为稻盛和夫。

心得 42 产生共感

- 经营者在确定自己的经营理念的同时，也要求员工与自己
  保持同样的觉悟。

- 在与员工的交流上多花心思，就能把你的理念渗透到员工
  的心里。

共感、理解、觉悟

稻盛先生将"追求全体员工物心两面的幸福"作为重要的经营理念，但这个经营理念的确立却缘于一次事件。公司一批高中学历的员工结成一体，与公司谈判，要求公司在"提高工资或集体辞职"之间二选一。

在此之前，对于稻盛先生来说，公司就是将自己的技术得以问世，也就是一个实现自我的手段而已。但是，这次事件使他意识到什么才是公司存在的真正意义。那就是，对于劳动者来说，公司寄托着自己的人生。既然如此，自己作为一名经营者，在从事企业经营时难道不应该全力支持员工的人生吗?

就这样，稻盛先生确立了新的经营理念，但是新理念完全颠覆了过去的思维，要将新思维落实到自己的经营中去，这真是一个巨大的考验。

而且，故事到此还没有结束。新的经营理念是稻盛先生经历挫折与苦恼之后才得出的，为了实现这个理念他决心押上自己的一切。但是员工们会接受吗?

通常，经营者在提出"我们大家一起来追求幸福吧"的提案时，一般来说，员工不会立即做出反应，表示赞同。即便有，也只是觉得经营者在说漂亮话，难以长久，不可信任。

经营者的经营理念无论多么美好，孤军奋战也难以实现。倘若员工对理念缺乏共感，不能理解和接受，那么理念也毫无意义。

要实现理念，就要改变员工的意识，形成全体员工的共识，让他们下定决心与经营者休戚与共，一起去实现公司的经营理念。实际上，一旦你提出经营理念，如何让员工与你同心同德，就是赋予经营者的新课题。

认同感的方策

为了让员工对自己的经营理念产生认同感，稻盛先生制定了各种策略。

首先，在公布经营理念的同时，也把怎样实现经营理念的细节公布出来。如果目标与现实差距太大，员工可能会因此失去挑战的欲望。但若目标切合实际，且有若干细节很快即可实现，那么就可能激发员工的挑战欲望，并立即付诸行动。

其次，如何把理念通俗易懂、印象深刻地传达给员工们，要花心思，讲究技巧。稻盛先生著名的人生方程式"人生·工作的结果 = 思维方式 × 热情 × 能力""在土俵的正中央相扑"都是经过千锤百炼，以通俗易懂的表达方式呈现出来的。

"用浅显易懂的句子传达出去！"

稻盛先生的这一姿态至今未变。

最后，作为自己的分身，公司的其他人员能帮助自己宣讲企业经营理念，事半功倍，至关重要。经营者不断地诉说自己的理念，最先理解和接纳的人就会成为你的宣讲师。

在公司的各种场合，不失时机地宣讲自己的经营理念，"员工们听多了，听久了，理念就会渗透到员工的意识当中去"。稻盛先生是这么说的，也是这么做的。只有经营者坚信这一点，持之以恒，才会将自己的心意最终传递到员工的心里。

在盛和塾学习的许多塾生，为了建立自己的经营哲学、经营理念，将自己的理念抄写到效率手册里，走到哪儿带到哪儿。对此，稻盛先生颇不认同。他对那些四处标榜自己经营理念的塾生说："你的经营理念富丽堂皇，不会只是用来装饰门面的吧？即使员工能理解，但是如果行动跟不上来，这种理念就毫无意义。"

不是用来标榜与粉饰，而是切切实实运用于企业经营。能够建立这样的经营理念，那么你也能成为稻盛和夫。

心得 43　以大善引领

- 在企业经营中，即便看似无情，也要选择有益于未来的善。
- 如果员工区分不了无情与大善，那就告诉他们这类似父母之爱。

看似大恶，看似无情

稻盛先生为了将自己的经营哲学、经营理念推广到海外的关联公司，还曾经举办了为期两天的经营哲学研讨会。在研讨会结束之际，一位当地干部向稻盛先生提出了如下问题。

"您的经营哲学以德为本，我非常赞同。不过以前我曾经亲眼看到您对我们这家子公司的总经理非常冷淡。他把连续多年的公司赤字改变成盈利，在公司的经营会议上很骄傲地宣布了这一消息。可是您非但没有表扬他，还对他严加斥责，在随后的聚会中，您也只是冷淡地送了他一句'加油干吧'。公司赤字挨批，公司盈利也挨批，直到今天公司实现盈利正常化，您才表扬了一句'干得不错'。我觉得您的经营哲学就是一些漂亮话，实际上冷酷无情，不是吗？"

对此，稻盛先生就公司经营的"大善和小善"做了阐述。

所谓大善，乍看不是善事，但长远来看却是对公司有益的经营行为。而小善则与之相反，眼下看似善行，但长远来看则无益于公司的发展。

随后，稻盛先生对这名干部的提问做了回答："的确，我确实对那位总经理很冷淡，但你可能不明白我为什么那么做。公司出现盈利，固然可喜，但利润微薄，如果因为这一点成绩我就给予他表扬，他对此也感到心满意足，那么公司就会失去继续发展的动力，员工也难以获得幸福。我假扮恶人，故意斥责他：'那点微利能算盈利吗？'其实这是大善。为什么这么说呢？因为后来他会更加努力，不断改善经营，直至公司实现盈利正常化。他做到了这一步，我会表扬他'干得不错！'"

一般而言，面对成功实现盈利而有点小骄傲的总经理，给予一点表扬，既不会破坏当场的气氛，也不会产生无谓的风波，非常简单。而当着众人的面斥责总经理，他可能由此而承担更多的非议。

但是"小善似大恶"，行小善则必遭大恶报。而那些看似无情的大善，能让部下走正道、成大事，这才是经营者应该选择的态度。

道是无情却有情

听了稻盛先生的话，我不禁陷入深思。对于不理解的人而言，大善确实具有"看似无情"的一面。如果部下有眼光，能看到未来的善，那不用担心。值得担心的是那些被表面的冷酷无情所迷惑的部下。在研讨会上提出那个问题的当地干部就是如此。

之所以值得担心，是因为他们的误解会导致在公司形成将经营哲学当成"说大话、空话"的小气候。这对公司经营来说，是一场巨大的危机。稻盛先生在受到当地干部的质疑时，也感受到了强烈的危机。如果不采取措施加以反驳，那么过去两天在共同研讨中所共享的经营哲学就将在一瞬之间化为乌有。稻盛先生正是在这样的危机意识中回答那个问题的。

如何让员工们理解看似无情的大善呢？脑子里明白固然重要，但更重要的是从内心里理解和接受。

父母有时会非常严厉地批评孩子，这种批评是出于纯粹的爱，为了孩子父母愿意付出一切。而孩子在遭受父母的严厉批评之后，仍然依恋着父母，这是因为他们相信父母的爱。对爱缺乏信心的父母，经常会对孩子施以娇惯的小善，但最终会贻误孩子的将来。因此，面对公司员工，经营者也要有不惜奉献自己一切的意识，并把它贯彻到日常的经营当中，员工才会相信经营者的话。大善看似无情，但满怀真爱，以自己的言行向部下彰显大善之道，这是让部下和员工理解并接受你的经营哲学的不二法门。

心得 44　分担责任，共享成果

- 大善和经营理念的最终着陆点是"让员工成为共同经营者"。
- 像分担责任一样共享成果，借此提高员工的干劲儿。

让员工成为共同经营者

稻盛和夫心怀大善开展经营，这是因为他希望将全体员工培养成经营者，让他们能作为自己的分身承担起公司的经营。再进一步而言，就是让各位员工能够自主选择道路，自行做出经营的判断。

说到独立之心，很多人会觉得人人都有，但实际并非如此。自主选择创业的经营者和企业领导大都有独立自尊的精神，但大多数员工则不然，因为当企业遇到风险、随时都可能倒闭时，他们会开脱自己："我不过是个雇员。那些事总经理他们会想办法的。"

经营者对自己的公司承担责任，这是理所当然的。但正如稻盛先生那样，一旦忙得不可开交时，就恨不能自己成为孙悟空，揪一撮毛变出若干个自己来。每一项事业都是千头万绪，经营者变出几个分身来也不够。实际上，经营不顺的公司，大多是员工怀着雇员意识，对企业缺乏归属感，只有经营者一个人在四处奔走。

员工都具有独立之心，"自己的那碗饭自己赚回来"，这样的公司大都还不错。如果再进一步，能引导员工意识到"我的公司我来养"，那公司就会发展得更好。

让员工对经营有责任感，这是经营者的重要课题。

分担责任，共享成果，提升员工士气

为了培养员工的独立和责任感，稻盛先生提出的解决方案就是阿米巴经营。所谓阿米巴经营就是将公司内部分成若干个小组，每个小组独立核算，自负盈亏。这个系统的目的在于让公司内的所有工作在会计上实现盈亏可视化，同时对于每个小组长来说，这也是一个见习经营者怎样思考和判断的机会。小组成员通过参与经营，也培养了对企业的责任感。

还有一个培养员工独立的办法，那就是向员工转让股票。

据说，京瓷公司的全体员工都持有自家公司的股票。一旦成为股东，所有员工都是经营伙伴，工作起来就更有责任感。因为工作上付出得越多，作为股东获得的回报就越大。

当然，小企业的经营者持股率不高，会导致经营不稳定，我不鼓励大家转让股权，但通过提高工资或待遇，让员工分享企业发展的成果，这对小企业来说也并非难事。

企业的经营者与员工是同志，是对等工作的伙伴。经营者要把这一点对员工说清楚，否则员工会觉得"责任要我分担，而成果却不与我分享"，从而离心离德。

另一方面，小组内部的意见不能统一，则可能出现失控的风险。在阿米巴经营中，各个小组的规模总是控制到最小化，为的是便于小组长能随时掌握各个成员的意见与行动。

责任与成果都决定着员工的士气。两者都分配给员工，就能大大强化员工的共同经营者意识，促进"我好，大家也好"的利他经营。经营者掌握了这种能力，那他就应该距离成为稻盛和夫那样的经营家不远了。

心得45 以心交心

- 经营者与员工之间要有能经常倾心交流的机会。
- 要虚心倾听员工的心声，同时也要推心置腹地说出自己的心声。

拆除心灵的面具

经营者对事业投入得越多，对员工的要求也就越高。员工或许会感到不理解，这时就需要把自己的经营理念、哲学解释给大家听，让大家从心底理解和接受。为了实现公司的经营理念，经营者与员工要保持同等的责任感和觉悟。同时为解决种种问题，员工之间需要敞开心扉，展开讨论。

"不要闹出风波，不要破坏人际关系。"这是日本的处世哲学，但这样做必将导致组织运营形式化。公司内要建立一套有效的机制，使得员工之间能够心无顾忌地说出真话，碰撞出火花。

在这里，我要推荐的是稻盛先生在担任京瓷公司总经理时积极推行的空巴。空巴类似一个小酒会，员工和干部们无拘无束，倾心交流。不过，空巴有个原则，那就是全体员工都要参加，而且每次空巴都要有一个明确的主题。

空巴的第一阶段应该是让员工知道"今晚可以说出真心话"。即便是那些平素谨小慎微的员工，也要让他们在几杯酒下肚之后，逐步敞开心扉，吐露真心。

第二阶段就是经营者调动全身的力量，捕捉员工的心声。虽然强调不分职务高低，不论长幼顺序，但是员工也不会一下子就敞开自己的心扉。要从员工的遣词用句、神态动作捕捉背后的含义，适时地敲敲边鼓，帮助他们把想说的话说出来。

对于那些扭扭捏捏、不说真话的人，稻盛先生会叱咤一声：
"嘿，你还戴着假面具！"

以真心换真心

第三阶段就是让大家自由讨论，怎样才能把公司搞得更好。
有的员工会畅想公司的经营理论，有的员工会提出反驳，指责
那是说大话，这都无所谓。重要的是让员工们在这里畅所欲言，
以真心换真心，切不可封杀反对意见。

如果有员工对经营理念质疑，经营者也要把自己的想法和
盘托出。空巴的最后阶段就是经营者把自己的真心话说出来，
与员工们擦出火花。

负责ANA（全日本空输株式会社）重建的大桥洋治顾问
也曾以"直诉"的方式与全体员工对话交流。当时，受美国
"9·11"恐怖袭击的影响，ANA的经营每况愈下，不得不削减
员工工资。这时与员工们面对面交流，遭到员工们的反对是可
以预料到的，但是最终通过与全体员工推心置腹的交流，大桥
先生成功地完成了ANA的重建。

我也曾仿效稻盛先生的空巴，在公司内举办小酒会。我觉
得这是构建良好的人际关系、为公司发展集思广益的最佳场合。
它的优势是白天或会议所不可比拟的。

不过，在以心换心的交流当中，也要注意几个原则：一是

不得搬弄是非，哪怕说的是真事。推心置腹后的结果应该是积极而富有建设性的。二是不能放不下架子。公司干部端着架子，员工就不敢说真话。经营者在与员工的交往中保持谦恭，公司的管理层也要贯彻同一姿态。

　　在此基础上，敏锐地捕捉、听取员工的心声，畅谈理念与梦想，努力在公司中创造说真话的风气。能做到这一点，你也能成为稻盛和夫。

心得 46　带领员工朝前跑

- 经营者在反复传达自己思想的同时，还要让员工看到你的背影。
- 带领员工朝前跑。

率先垂范

稻盛先生剃度出家的临济宗公案（禅问答的课题集）里，记载着这样一段故事。

释迦牟尼在弟子面前拈下一朵鲜花示众，众弟子默然，不知何故。唯有迦叶尊者破颜微笑。释迦牟尼遂说："我把佛法教义传给迦叶。"

这就是释迦与迦叶以心传心的故事。

拈花与微笑的真意且交给禅僧们，企业的经营者拈花，员工中能会心一笑的估计一个也没有（有的话，他早就自己创立公司了）。

在企业中，经营者每天面对的就是那些漠然不知何故的员工。我不是说员工的坏话，我想说的是，与其拈花让员工们去猜你的想法，还不如把你的想法直接说出来，教导员工该怎么干。

教导需要善用语言，精于表达。但是光有语言，看不到行动，你依然抓不住员工的心。只有经营者以实际行动走在员工们的前列，你的语言才有色有味，才能走进员工的心里。稻盛先生把这称为"率先垂范"。换句话说，就是："跟我来！"

要想让员工跟着你，你首先要做出表率。你拿不出堪称表率的行动，谁也不会跟着你。像那些平日就在高尔夫球场潇洒挥杆的经营者，绝不会有跟随者。

要想让员工追随，你必须有谦卑的姿态、敢于挑战的勇气和坚定的信念。

带领大家朝前跑

经营者付出不亚于任何人的努力，投入工作。以勤勉的身影告诉员工们："跟我来！跟不上的也不要灰心，拼命地跟上来。"这也是率先垂范的一种形式。

战国武将中的枭雄上杉谦信，两军交战时他总是奋不顾身，冲杀在最前线。不可否认的是，他的将士们有的是积极跟随，有的则是受到他奋勇在前的感召才冲上来的。

对此，有人提出不同意见。他们认为："经营者站在第一线，剥夺了员工积累经验的机会，不利于人才的成长。"同样是战国武将，谦信的宿敌武田信玄，他总是在后方运筹帷幄，发布指示命令，前线的细节则交给武田二十四将去处理。这也是领导力的一种方式吧。

不过这种方式只适用于下属将领百战成钢，能独当一面之后。否则，能干的经营者胆战心惊地授权，而不堪其任的部下如履薄冰地做事，这怎么看都是不合理的。

最理想的状态是大家各尽其责，朝着一个共同的目标奋进。但现实是，许多员工更愿意各安其位，尽量让自己的工作轻松一点。人性如此，无可厚非。不过，为了谋求更多人的幸福，经营者还必须想方设法带领着他们朝前跑。

　　一方面要教导员工培养自立意识，另一方面还得生拉硬拽地拉着他们朝前跑。这两者看似矛盾，但经营者需要有包容这种矛盾的心胸和气概。能做到这一点，你也能成为稻盛和夫。

心得 47　制造旋涡

- 员工有了自主性，就有了自主挑战问题的动力。
- 处于旋涡中的人，应该成为小组的领袖。

提高士气

在"心得5"中我介绍过，稻盛先生在创业之初，京瓷还不是精英集团，与那些人才云集的大企业相比，劣势显而易见。因此，员工中不少人心生沮丧："我们肯定干不过那些大企业的。"

为了鼓起员工的干劲，消除沮丧，稻盛先生提出了工作热情的重要性。他说："我们在能力上可能赢不了他们，但在工作干劲儿上不能输给他们。"

鼓动员工的干劲儿，这是经营者的必修课。

员工们的工作热情上来后会怎样呢？首先是积极解决问题，不断提出新的方案。其次是为了得到其他人的帮助，会积极动员周围的同事参与到自己的工作中来。

其结果就是在工作的周围形成一个人际圈，这个圈子良性互动，稻盛先生把它称作"旋涡中心"。

公司渴望的就是那些自主制造旋涡，并在旋涡中心做事的人才。如果一个公司能形成多个这样的旋涡，那么即便成不了精英集团，那也能创造出完胜大企业的价值。

好胜而富于进取心的员工比较容易制造旋涡，对于这类员工，首要让他们喜爱自己的工作。做到这一点，他们就会激情焕发，制造一个又一个旋涡。

而对那些不是太好强、认真而稳重的员工，则要赋予他们某种权限，唤起他们的责任感。他们天生认真，遇到问题不会撒手不管，慢慢地他们也会制造出旋涡来。

处于旋涡中心的人

麻烦的是如何唤起那些谨小慎微、不愿主动做事的员工的工作热情。给他们树立一个目标，激发他们的使命感，驱动他们为了实现目标而往前走。这不失为一个有效的手段。

而对那些安于现状、无所事事的老员工，经营者则要发出警告："一旦让部下和晚辈拿走主导权，你们就会被他们支使得团团转！"碍于面子，他们也不得不鼓起干劲儿，制造旋涡。

至于那些怎么也鼓不起干劲儿的员工，那就把他们作为旋涡的周边要员，配置在有干劲儿、有热情的员工身边。这类员工也并非一无是处。比如一些收尾的工作就可以交给干得慢的员工去做。知识丰富的员工也会给那些谨小慎微的员工提出准确的建议。

需要注意的是，只是提出问题，给予建议，而不是命令。如果变成命令，员工就会觉得是为服从而为，行动就会转为消极，只要做到领导不生气就行。这与"我选的路我做主"的积极心态大不相同。

"那么，接下来该怎么办呢？"有了这种问题意识，他就自然会成为旋涡中心，人就自然会聚拢过来，由此一个旋涡就形成了。

　　处在旋涡中心的既可以是熟练员工，也可以是刚入职不久的菜鸟，这都不要紧。重要的是谁提出了问题，并邀请了其他人来一起研究问题的解决之策，那么这个人就是旋涡中心人物。换句话说，他就是这个小集团的领袖。

　　不问经验与年龄，只注重干劲儿与自主性。领悟到这一点，你就能成为稻盛和夫那样的优秀领导者。

心得 48　做到光明正大

- 光明正大能赋予经营者自信与勇气。

- 经营者对员工必须做到光明正大。

经营者的公平

作为京瓷哲学的内容之一，稻盛先生经常提到"要贯彻公平精神"。

古人云："生财有道。"赚取利润必须遵守严格的规则，如果发现不当或非法行为，无论其职位高低，也无论其是否迫不得已，都应该堂堂正正地指出来。

但这仅是对员工的要求，对经营者而言，公平的要求则更为严格，那就是"对待所有员工都要光明正大"。

首先，经营者要把公司的公平准则向全体员工讲清楚，有损公平的事坚决不做。但遗憾的是，在当今的商业环境中还存在着某些惯例，有损公平。别的公司在做，自己是否随波逐流，这种判断也时刻考验着经营者能否恪守公平。因此，经营者应时刻提醒自己"要做到光明正大"。

公司不从事非法勾当，经营者也不从不公平的行为中谋取利益。这种光明正大可以说是经营者必须信守的准则，同时它也能赋予经营者自信与勇气。

换言之，它能为经营者树立独具魅力的人格，能让员工从心底敬佩你，愿意跟你走。

通过日常的观察来评估

其次，对员工的评价要做到光明正大。

在"心得41"中，我提到，人这一经营资源是得到有效运用还是被扼杀，全在经营者的一念之间。不公平的评估，就如同将原本具有 A 价值的人错误地归入 B 价值，这与财务报表的不当处理没有任何区别。

京瓷公司的评估体系不是按职务进行评估。工作的负责人没有职务工资，因此不论你是不是负责人，工资的基准是一致的。另一方面，公司会就员工的职务能力进行资格级别的评估。根据这个资格级别，再加上工作年限来确定员工的工资。也就是说，员工的待遇由资格制度来评定，而职责则由责任者制度来确定，两套评估体系的依据简明易懂。

在盛和塾，经常有经营者提出"该怎样对员工进行评估考核"的问题，请求稻盛先生给出建议，但稻盛先生对将评估考核制度化深感怀疑。

"制度化可能会很轻松，但是我觉得还是应该倾注心血，一个一个地去观察，这样或许会更好一些。"

稻盛先生除了在各部门的会议上听取员工的报告之外，还会通过工作之后的空巴来观察员工的言行，考察他们是不是"作为一个人，是不是走在正确的道路上"。经营者是否有识人的慧眼，这另当别论，只要在共同的工作当中仔细观察，对员工的评估自然而然就会得出结论。

最后，要相信员工所蕴藏的可能性，就如同相信自己的可能性一样。这种信任会带来以将来时来思考问题的思维方式。

某位员工以其今天的能力而言，既不能赋予较高的资格，也不能胜任某个部门的领导，但不能就此关闭这名员工成长的大门。

对于员工的未来，经营者要相信他的可能性。能做到这一点，你也能成为稻盛和夫。

心得 49　尽力说服

- 一个企业，总会出现掉队的员工。
- 对公司经营理念始终不能理解，甚至产生怀疑的员工，要促使其反省。

说服公司老臣

企业发展壮大，人才的水平也会水涨船高。在此过程中，那些共同创业、付出巨大艰辛努力的公司老臣就会越来越跟不上公司的发展。说得难听点儿，就是掉队了。这些老臣占据着重要位置，优秀员工就招不进来，公司的发展就会受到阻碍。

创业数年之后，稻盛先生就曾面临过这样的问题。当时，他采取的方法就是坦率地说明情况，求得理解。

"新员工职位可能在你之上，这一点请你多多理解。在公司面临进一步发展壮大之际，让新人站在更高的位置上，这是唯一的选择。"

稻盛先生家乡的英雄西乡隆盛曾说过这样一段话：

"无论其于国创建何等勋劳，不堪其任之人如以官职赏之，此可谓不善之最大者。"这句话的意思就是无论某个人有多大功劳，如果他不能胜任，就不能用官职来奖赏他。

兴办一项新事业就需要吸纳有能力的人才，同时赋予其责任和具有动力的职责。在这种情形下，如果在新人与老臣之间更重视老臣，那就不得不给予他们更高的地位。但是遗憾的是，他们已经没有能力尽职尽责了。

对此，那些老臣是这样理解并接受的："兴办新事业就需要更专业的行家。他的职务比我高那是理所当然的。因此，我没有不服。"

要让公司的老臣们理解和接受这一点，殊为不易。因为即便是最合理、最佳的说辞，碍于情面也很难说出口。他们能够理解和接受，我想既缘于人们对稻盛先生的抉择与人格的信赖，也缘于稻盛先生不回避矛盾的这份勇气得到了他们的认同。

说服心怀疑虑的员工

公司中掉队的不只是那些老臣，那些对公司经营心怀疑虑的员工，由于不能融入公司这个大集体，也在逐步掉队。

稻盛先生说，这类员工在空巴上一眼就能看出来。

首先是态度冷淡。即便是陪你喝一杯，也是一副心不在焉的样子。你问他："有什么不满意的地方吗？"他会回答："没什么。"决不多说一个字。但如果进一步刺激一下，这类员工就会牢骚满腹，吐槽不断。

以稻盛先生所见，这类员工的不满，八成是个人思维所致。如果是私人交往，对这类人大可不理，但是对公司员工就不能这样了。当员工发完一通牢骚后，稻盛式的说服工作开始登场。

稻盛先生"嗨！"一声之后，随即抛出自己的真心话。于是对方会摆出一副众人皆醉我独醒的表情，那意思就是说："你那些陈词滥调我不想听。"

对那些不能理解自己想法的人，要进行反复的说服工作，几个小时也不停歇。如果仍然不能理解怎么办？没有办法，只能劝他辞职了。一个人无论多么优秀，如果不能融入团队，那么他可能就会成为破坏组织的力量。

　　要想成为稻盛和夫那样的经营者，还需要掌握稻盛先生那样推心置腹与人交流的技巧。

心得 50　向年长者学习

- 如果有值得自己学习的人，那就当面向他请教。
- "能学的，我要全部学会。"抱着这种心态去学习，你就能学到其他人还弄不明白的本质。

以当面指导为原则

盛和塾的讲课与答问环节，原则上是禁止录音录像的。其实这种行为原本是允许的，但后来会场里出现越来越多的录像设备，以至于摄像机的三脚架摆得到处都是，大煞风景。我记得稻盛先生曾说过："我讲的话，你们就在这里认真听吧。"

原因是有些人以为回头还可以看录像，现场听讲就不认真了。而且这种作风还可能影响到其他方面，比如不能认真听取员工的心声、顾客的反馈，以致遗下祸患。因此现场就不再允许录音录像了。

在"心得 28"中我提到过，稻盛先生对自己要讲的话是字字提炼、句句推敲。每次准备演讲稿时，我一般是看看 PPT，以前的内容能用的还继续用，在心里把演讲的过程走一遍，但是稻盛先生则不同，他每次都是从零开始，认认真真地准备新讲稿。

因此，对于我们这些倾听者而言，稻盛的每一句话、每一个字都鞭辟入里，直入心底。那种感觉很难以形容，就是感觉到字字句句意义深邃、力道强劲。

我曾有幸数次陪同稻盛先生就餐。在茶苑、酒吧，我们围着一张小桌，彼此挨得很近。我能全身心感受到稻盛先生的气场。而且，稻盛先生的每一句话，我都会细心聆听，生怕漏掉一个字。

稻盛先生说，人与人之间的信赖关系并非建立在单纯的契约之上。倾心交谈、开怀畅饮，双方交流的积累才是构筑信赖关系的基础。

经营者与员工的关系，某种程度上也要像无拘无束的酒友，言谈无忌，甚至批评也能直言不讳。这样的话，受到批评的人还会高高兴兴地对周围的同事说："挨过总经理的剋了。"有了这样的心心相印，经营者与员工的信赖关系就建立起来了。

培养听出本质的能力

稻盛先生自己非常珍惜直接学习的机会。年轻时一听说有自己喜爱的经营者的演讲会，无论多忙也会抽出时间去听。

松下幸之助在"堤坝式经营"的演讲中发生的小故事，本田宗一郎的"有工夫来参加这种研讨会，还不如赶快回到工厂现场去"的小故事，都是发生在这一时期。我认为这两个故事都能反映出稻盛先生的特点。

那就是对于松下和本田的发言，其他学员除了嬉笑或不满之外，一无所获，而唯独稻盛先生一人听到了经营的本质。稻盛先生对学习怀着强烈的愿望，这才能从他们的演讲中听出了别人听不到的本质。

1983 年盛友塾（今盛和塾）刚刚创办之初，有形形色色的经营者来访学习，其中也有不少人中途退出。尤其是那些追求经营利润的经营者很容易退出，原因也许是提高心性的经营理念与他们的理念不合吧。从 MBA 或美国式企业经营理念来看，稻盛先生的"作为人，何谓正确？"的判断标准、"经营者与员工要心心相印"的经营手法不过是一堆漂亮的辞藻。

他们这样想也不无道理，这也算是一种思维方式吧。

但无论怎样，我认为稻盛先生的经营哲学是企业经营的王道中的王道。如果你也能像稻盛先生那样听出事物的本质，而且能始终如一地向稻盛先生学习，那么我相信你也一定能成为稻盛和夫。

结束语

　　本书是有关京瓷公司名誉会长稻盛和夫先生的入门书，我希望读者在读过本书之后，进一步阅读稻盛先生的著作，感受他的魅力，体会他的卓越。

　　我最早对稻盛先生有深刻印象是他 1984 年创办第二电电的时候。我当时在时任 NTT 设立委员会委员长、日本精工前会长今里广记先生（已故）的身边工作，亲眼见证了日本电信电话公社（电电公社）民营化的历程。当时稻盛先生兴办第二电电的一举一动都历历在目。

　　由此，我对稻盛先生产生了浓厚的研究兴趣，阅读了各种可以获得的文献，加深了对稻盛先生这一人物的理解。知道得越多，我就越被稻盛先生所吸引。从那以后，作为稻盛先生的研究者，我持续研究了三十余年。

　　幸运的是，我加入了稻盛先生的经营学习班——盛和塾，有机会作为塾生直接接受稻盛先生的耳提面命。我如饥似渴地吸收稻盛先生的教诲，成为稻盛先生最坚定的"追随者"之一。至今我还清楚地记得，为了参加盛和塾的例会，我乘坐新干线从东京赶赴名古屋的情形。

那时，还没有塾生专程从外地乘坐新干线来参加例会，所以当我赶到会场时，名古屋的塾生们都大吃一惊。而在我看来，我一心想向稻盛先生学习，跟距离远近毫无关系。今天，据说盛和塾里的"追随者"多达一千余人，这真令我有隔世之感。

后来我担任盛和塾东京地区的代表召集人，每逢对新入塾生举办"盛和塾入门讲座"时，我都会热心地劝说他们去做一名"追随者"。追随心仪的经营者，关注他的一举手一投足。因为这曾是我本人向稻盛先生学习的一个重要方法。

读过本书，如果你也要成为伟大的经营家、哲学家稻盛先生的追随者，内心产生一个强烈的愿望。"我也要向稻盛和夫学习！"，那正是本人无上的喜悦。

皆木和义

2015 年 10 月

稻盛和夫简略年表

1932 年　0 岁　　出生于鹿儿岛市药师町（现城西）

1944 年　12 岁　　报考鹿儿岛第一中学失败，入读国民学
　　　　　　　　　校高等部

1945 年　13 岁　　因患浸润性肺结核在家疗养。再次参加
　　　　　　　　　鹿儿岛第一中学升学考试，未果。进入
　　　　　　　　　私立鹿儿岛中学
　　　　　　　　　老家在空袭中被烧毁

1948 年　16 岁　　升入鹿儿岛市高等学校第三部（今鹿儿
　　　　　　　　　岛玉龙高等学校）

1951 年　19 岁　　考入鹿儿岛大学工学部应用化学专业

1955 年　23 岁　　大学毕业。入职京都松风工业，从事新
　　　　　　　　　陶瓷（特殊瓷器）研究

1958 年　26 岁　　因技术开发的方针分歧，与上司产生冲
　　　　　　　　　突，从松风工业辞职
　　　　　　　　　与须永朝子结婚

1959 年　27 岁　　在青山政次、西枝一江、交川有等人的
　　　　　　　　　支持下，创办京都陶瓷

1961 年　29 岁　与威胁罢工的部分高中学历员工进行交涉
　　　　　　　　并以此为契机，确立经营理念

1966 年　34 岁　就任京都陶瓷社长（总经理）

1971 年　39 岁　京都陶瓷在大阪证券交易所第二部及京都
　　　　　　　　证券交易所股票上市

1975 年　43 岁　设立日本太阳能株式会社

1976 年　44 岁　京都陶瓷在美国证券交易所股票上市

1979 年　47 岁　成立 Trident 公司。援助 Cybernet 工业

1982 年　50 岁　与 Cybernet 工业等 4 家相关公司合并，
　　　　　　　　新公司更名为"京瓷株式会社"

1983 年　51 岁　在京都成立旨在培养年轻经营者的经营
　　　　　　　　塾——盛友塾（现盛和塾）
　　　　　　　　合并雅西卡株式会社

1984 年　52 岁　以自有资金创办稻盛财团，就任理事长
　　　　　　　　设立第二电电企画，就任会长
　　　　　　　　获得紫绶褒章

1985 年　53 岁　将第二电电企画改组为第二电电（DDI），
　　　　　　　　获得第一类电气通信事业许可执照
　　　　　　　　兼任京瓷会长

1987 年　55 岁　成立关西 Cellular 电话株式会社

1989 年　57 岁　收购 Elco

1990 年　58 岁　合并美国 AVX 集团

1991 年	59 岁	担任第三次行政改革审议会"世界中的日本"支部会长
1993 年	61 岁	设立日本铱元素公司 DDI 在东京证券交易所二部上市
1994 年	62 岁	就任关系经济联合会副会长 就任关系学术研究都市推进机构理事长 成立"DDI Pocket 企画"（PHS 通信公司）
1995 年	63 岁	就任京都商工会议所会长 成立京瓷多媒体合作公司
1996 年	64 岁	设立京瓷 DDI 未来通信研究所 创立日美二十一世纪委员会
1997 年	65 岁	辞去京瓷和 DDI 会长职务，就任名誉会长 接受胃癌手术 在临济宗妙心寺派园福寺出家（法号"大和"）
2000 年	68 岁	援助三田工业株式会社，创办京瓷美达株式会社（现为京瓷办公信息系统株式会社） DDI、KDD、IDO 合并为 KDDI。就任 KDDI 名誉会长
2001 年	69 岁	就任京都商工会议所名誉会长
2002 年	70 岁	在美国成立"阿卜谢亚·稻盛领导者学院"
2003 年	71 岁	设立盛和福祉会、稻盛福祉财团

　　　　　　　　获得安德鲁·卡内基博爱奖

2004 年　72 岁　被中日友好协会授予"中日友好使者"
　　　　　　　　称号

　　　　　　　　设立儿童收养保护设施"京都大和之家"

2005 年　73 岁　在鹿儿岛大学成立"稻盛经营技术学院"
　　　　　　　　（今稻盛学院）

2007 年　75 岁　在美国凯斯西储大学开设"伦理与睿智
　　　　　　　　的稻盛国际中心"

2009 年　77 岁　在法国召开的"世界企业家论坛"中荣
　　　　　　　　获"世界企业家奖"

2010 年　78 岁　就任日本航空会长

2011 年　79 岁　被美国化学遗产基金会授予"2011 奥斯
　　　　　　　　默奖章"（Othmer Gold Medal）

2012 年　80 岁　就任日本航空名誉董事长
　　　　　　　　日本航空重新上市

2013 年　81 岁　被京都大学授予"名誉研究员"称号

2014 年　82 岁　被公益财团五井和平财团授予"五井和
　　　　　　　　平奖"

备注：由于本书日文版本在 2015 年出版，因此，本年表截至
2014 年。

图书在版编目（CIP）数据

稻盛经营哲学 50 条 /（日）皆木和义 著；吴常春 译 . — 北京：东方出版社，2020.4
ISBN 978-7-5207-1466-2

I. ①稻… Ⅱ. ①皆…②吴… Ⅲ. ①企业管理－经验－日本－现代 Ⅳ. ① F279.313.3

中国版本图书馆 CIP 数据核字（2020）第 032187 号

Inamori Kazuo noyouni Naru 50 no Kokoroe
byKazuyoshi Minagi
Copyright © 2015 Kazuyoshi Minagi.
Original Japanese edition published by Takarajimasha, Inc.
Simplified Chinese translation rights arranged with Takarajimasha, Inc.
Through Hanhe International(HK) Co., Ltd.China
Simplified Chinese translation rights © 2018 Oriental Press.

本书中文简体字版权由汉和国际（香港）有限公司代理
中文简体字版专有权属东方出版社
著作权合同登记号 图字：01-2018-3893号

稻盛经营哲学 50 条
（ DAOSHENG JINGYING ZHEXUE 50 TIAO ）

作　　者：[日] 皆木和义
译　　者：吴常春
责任编辑：贺　方
出　　版：东方出版社
发　　行：人民东方出版传媒有限公司
地　　址：北京市朝阳区西坝河北里 51 号
邮　　编：100028
印　　刷：北京市大兴县新魏印刷厂
版　　次：2020 年 4 月第 1 版
印　　次：2020 年 4 月第 1 次印刷
印　　数：1 — 10 000 册
开　　本：880 毫米 × 1230 毫米　1/32
印　　张：6.875
字　　数：120 千字
书　　号：ISBN 978-7-5207-1466-2
定　　价：38.00 元
发行电话：（010）85924663　85924644　85924641